Le Saulchoir
Eine Schule der Theologie

Collection Chenu

Herausgegeben vom
Institut M.-Dominique Chenu – Espaces Berlin
durch Christian Bauer, Thomas Eggensperger und Ulrich Engel

M.-DOMINIQUE CHENU
ESPACES BERLIN

Band 2

M.-Dominique Chenu
Le Saulchoir
Eine Schule der Theologie
Aus dem Französischen übersetzt von Michael Lauble
und mit einer Einführung von Christian Bauer

Die Deutsche Bibliothek CIP-Einheitsaufnahme
Ein Titeldatensatz für diese Publikation ist bei der
Deutschen Bibliothek erhältlich

© Morus Verlag, Berlin 2003
Printed in Germany
ISBN 3-87554-365-3

M.-Dominique Chenu

Le Saulchoir
Eine Schule der Theologie

Aus dem Französischen
von Michael Lauble

Morus

Band 2 der „Collection Chenu" wurde gefördert durch:
Aengevelt Immobilien KG, Düsseldorf
Warren Chair Fund, University of Notre Dame, IN (USA)
Zusters Dominicanessen van de H. Familie te Neerbosch
(Niederlande)

Inhalt

Vorwort

Dieses Buch hat zwei Leben. Ein erstes führte *Une école de théologie: Le Saulchoir* von seiner Publikation in Tournai 1937 bis zu seiner Indizierung durch Rom 1942. Danach konnte dieses an Seiten dünne, aber an Folgen schwere Buch nur noch in Auszügen wiederabgedruckt werden: 1959 mehrere Absätze in *La théologie, est-elle une science?* und 1964 das dritte Kapitel in *La foi dans l'intelligence (La Parole de Dieu I)*. Erst im Jahr 1982 begann es eine „zweite Existenz" (René Rémond), als zum vierzigsten Jahrestag seiner Indizierung bei *Marietti* eine italienische Ausgabe erschien: *Le Saulchoir. Una scuola di Teologia.* Zum 90. Geburtstag Chenus im Jahr 1985 folgte in den *Éditions du Cerf* eine französische Neuausgabe, die um das Vorwort der italienischen sowie um Beiträge eines Pariser Kolloquiums vom November 1983 ergänzt wurde.

Jenes zweite Leben, das auf diese Weise im Raum romanischer Sprache begann, ist nicht zu trennen vom Zweiten Vatikanischen Konzil (1962–1965), dessen Zur-Welt-Kommen der Kirche zur Geburtstunde einer neuen Theologie wurde, deren Wehen bei der Lektüre dieses Buches noch deutlich zu spüren sind. Für die Väter des Konzils waren die „Zeichen der Zeit" jene theologischen Orte, an denen sie Gott zur Sprache bringen wollten: und zur Sprache bringen heißt immer auch zur Welt kommen, denn die Grenzen einer Sprache sind die Enden ihrer Welt.

Nun liegt hiermit erstmals eine deutsche Übersetzung der Programmschrift von *Le Saulchoir* vor, 66 Jahre nach Erscheinen des Originals! Wir hoffen, dass viele – vor allem junge – Theologinnen und Theologen die so eröffnete Möglichkeit nutzen, die hierzulande weithin vergessene, unseres Erachtens aber immer noch höchst aktuelle theologische Gedankenwelt Chenus (wieder) zu entdecken.

Dass dieses wichtige Buch – wenn auch spät – den deutschsprachigen Raum der Theologie betreten kann, ist vielen Menschen zu verdanken. Unser Dank gilt besonders Dr. Michael Lauble (Billerbeck) für die Arbeit des Übersetzens, dem *Morus Verlag* (Berlin) in Person seiner Lektorin Dr. Johanna Wördemann und seines Geschäftsführers Olaf Lezinsky für die engagierte Begleitung des Projekts, den *Éditions du Cerf* (Paris) – speziell Nicolas-Jean Séd OP und Eric de Clermont-Tonnerre OP – für die freundliche Rechteüberlassung, sowie den Herren Willi Aengevelt, Dr. Lutz Aengevelt und Dr. Wulff Aengevelt für die Firma *Aengevelt Immobilien KG* (Düsseldorf), Prof. Dr. Thomas O'Meara OP (Notre Dame, NI / USA) als Vermittler zum *Warren Chair Fund* der *University of Notre Dame* und der Generalleitung der *Kongregation der Dominikanerinnen von Neerbosch* (Niederlande), ohne deren finanzielle Unterstützung dieser zweite Band der „Collection Chenu" nicht hätte realisiert werden können.

Berlin, am 7. September 2003
dem 90. Jahrestag von Chenus Noviziatsbeginn

Die Herausgeber der „Collection Chenu"
Christian Bauer
Thomas Eggensperger OP
Ulrich Engel OP

Christian Bauer

Geschichte und Dogma

Genealogie der Verurteilung einer Schule der Theologie *

Zum Zeitpunkt der Gründung von Le Saulchoir im Jahr
1904 veröffentlichte Maurice Blondel (1861–1949) in der
Zeitschrift *La Quinzaine* eine dreiteilige Denkschrift zum
Modernismus. Unter dem Titel *Histoire et Dogme* themati-
sierte er darin jene zwischen den Extremen von ,Historizi-
smus'[1] und ,Extrinsezismus'[2] aufgespannte Differenz von
Geschichte und Dogma, welche bis weit ins 20. Jahrhundert hinein das Verhältnis von Kirche und Welt prägte.
Seit Beginn der Moderne war im Diskurs der Wissenschaften die Frage nach der Geschichtlichkeit von Dogmen zu
einer eigenen Macht geworden – und damit zu einem
bedrängenden Problem der Theologie. Die Entdeckun-
gen der Neuzeit hatten den Menschen des Mittelalters
einen Plural neuer Welten des Geistes erschlossen, die
ihre eigene Geschichte besaßen und überkommene Dogmen hinterfragbar erscheinen ließen. Sie markierten eine
epochale Infragestellung, welche jenen durch kritische
Wissenschaft ergründbaren Ort des Dogmas im Raum der
Zeit offen legt, aufgrund dessen es sich *relativ* zu seiner
Geschichte in den vielen Erzählungen der Moderne ver-
hält.

---

* Wichtige Einsichten dieser Einführung verdanken sich zwei Lehrveranstaltungen von Prof. Dr. H.-J. Sander (Salzburg) an der Universität Würzburg: der Vorle-
sung *Wegmarken der Theologie im 20. Jahrhundert* und dem Seminar *Nouvelle théologie. Die Französische Revolution der Theologie.*
[1] M. Blondel, Geschichte und Dogma, Mainz 1963, 16–64.
[2] Ebd., 8–16.

Diese im Zuge der Aufklärung zum Problem gewordene Relation von Geschichte und Dogma stand im Zentrum jenes Diskursbebens der Modernismuskrise, das zu Beginn des 20. Jahrhunderts die Theologie erschütterte und dessen späte Ausläufer auch noch in *Une Ecole de Théologie: Le Saulchoir* zu spüren sind. Was den Modernisten als notwendige Relativierung erschien, die einer Unterordnung der Geschichte unter das Dogma wehrte, galt den Anti-Modernisten als gefährlicher Relativismus, der eine Unterordnung des Dogmas unter die Geschichte bedeutete. Zwischen den beiden Polen von Historizismus und Extrinsezismus verlief entlang dieser Scheidelinie – die im Gründungsjahr von Le Saulchoir die gesamte Theologie durchzog – ein manifester Bruch, der auch im Predigerorden ein spannungsgeladenes Diskursfeld aufriss, dessen diametral entgegengesetzte Kräfte bis in unsere Tage weiterwirken. Innerhalb dieses theologischen Spannungsfelds im Orden selbst fanden sich zum Zeitpunkt der Gründung von Le Saulchoir sowohl moderate Befürworter einer Öffnung zur Moderne wie die Exegeten der Ecole Biblique in Jerusalem, als auch deren Gegner wie jene Thomisten vom Angelicum in Rom, die zusammen mit ihren jesuitischen Kollegen von der Gregoriana die theologiepolitisch treibende Kraft hinter dem Anti-Modernismus darstellten. Nicht selten lebten, beispielsweise in Fribourg, sogar Parteigänger beider Richtungen unter dem Dach desselben Konventes.

Denken des Außen
Oder: ein weites Diskursfeld

M.-Dominique Chenu OP (1895–1990) und Le Saulchoir (1904–1974) – beide Stränge individueller wie kollektiver Erinnerung bilden eine zeitliche Doppelachse, entlang derer im Folgenden die bewegte Geschichte von *Une Ecole de Théologie: Le Saulchoir* nachgezeichnet werden soll. Grenzüberschreitungen, Brucherfahrungen und Ortswechsel dieses „Jahrhundertzeugen"[3] wie jener „Weisheitsschule"[4] markieren exemplarische Wendepunkte in der ‚Genealogie'[5] dieses Schlüsselwerks der Theologie im letzten Jahrhundert, mit dem diese Einführung mittels eines problemorientierten „Denken[s] des Außen"[6] genau das zu tun versucht, was Chenu selbst mit dem Werk des Thomas von Aquin OP (1224/25–1274) machte: es vom Außen seiner Zeit her zu lesen als „Geschichte der Gegenwart"[7]. Die Denkkathedralen beider Predigerbrüder nämlich sind nicht ohne den Ort ihrer Entstehung in den Umbrüchen des 13. und 20. Jahrhunderts zu verstehen, bedingen sich doch an beiden Orten im Raum der Zeit das jeweilige Innen und Außen von Text und Kontext in diskursformierender Weise.

---

[3] C. Geffré, Introduction, L'Hommage différé au père Chenu, Paris 1990, V–XI, hier VI.

[4] P.-R. Régamey, Une école de sagesse, in: L'Hommage différé au père Chenu, Paris 1990, 184–193.

[5] Vgl. expl. M. Foucault, Nietzsche, die Genealogie, die Historie, in: ders., Von der Subversion des Wissens, Frankfurt/M. 1987, 69–90.

[6] Ders., Die Ordnung des Diskurses. Inauguralvorlesung am Collège de France, Frankfurt/M. 1998, 35.

[7] Ders., Überwachen und Strafen. Die Geburt des Gefängnisses, Frankfurt/M. 1994, 43.

Im Falle von *Une Ecole de Théologie* war dieses kontextuelle Außen jener nach dem Zweiten Weltkrieg in Frankreich aufkeimende „Frühling der Kirche"[8], dessen pastoraler Aufbruch zahlreiche Pioniere einer Öffnung der Kirche zur Präsenz in der Welt der Moderne hervorbrachte, darunter brillante Theologen von weltweitem Ruf wie die Dominikaner M.-Dominique Chenu und Yves Congar (1904–1995) oder die Jesuiten Henri de Lubac (1896–1991) und Jean Daniélou (1905–1974). Als theologische ‚Avantgarde der Kirche'[9] sprengten diese Vordenker einer Französischen Revolution der Theologie – die mit dem ‚Schleifen der Bastionen'[10] römischer Schultheologie auf dem Zweiten Vatikanischen Konzil (1962–1965) in deren Geschichte eingehen sollten – die damalige Ordnung des Dinge, in welcher eine rein ‚spekulative Theologie' römischer Prägung alle ‚positiven' Quellen von Schrift und Tradition dominierte. An den Rändern dieses Diskurses versuchte man über biblische, mediävistische und patristische Forschung zunächst in der 1890 gegründeten Ecole Biblique in Jerusalem, später auch in Le Saulchoir und La Fourvière[11], neue – oder präziser: ‚alte'[12] – Wege einer stärker an ihren Quellen orientierten Theologie zu beschreiten: eine gefährliche Gratwanderung entlang der Grenze des damals Möglichen, die für alle Beteiligten vor dem Konzil zu erheblichen Problemen führen sollte.

---

[8] E. Suhard, Aufstieg oder Niedergang der Kirche (Sondernummer der Zeitschrift *Dokumente*), Offenburg 2. Aufl. o. J., 86 [frz. Original: Essor ou déclin de l'Eglise. Lettre pastorale, Paris 1947, 174].

[9] Vgl. J.-M. Domenach / R. de Montvalon (Hrsg.), Die Avantgarde der Kirche. Bahnbrecher des modernen Katholizismus in Frankreich. Texte und Dokumente 1942–1962, Freiburg/Br. 1968.

[10] Vgl. H. U. von Balthasar, Schleifung der Bastionen. Von der Kirche in dieser Zeit, Einsiedeln 1952.

Bereits die wenigen genannten Namen zeigen, dass diese Revolution französischer Ordenstheologie weitgehend die Signaturen ‚OP' bzw. ‚SJ' trägt – und zwar auf beiden Seiten der theologischen Frontlinien: Dominikaner von Le Saulchoir und Jesuiten um La Fourvière standen gegen Dominikaner am Angelicum und Jesuiten an der Gregoriana, dominikanische und jesuitische Buchreihen wie *Unam Sanctam* oder *Rencontres* beziehungsweise *Sources Chrétiennes* oder *Théologie* standen gegen dominikanische Zeitschriften wie *Angelicum* in Rom oder die *Revue Thomiste* in Frankreich. Die in ihrer Mehrzahl frankophonen Protagonisten beider Ordensfamilien reproduzierten damit in den eigenen Reihen jene grundlegende Differenz in der Bewertung der Moderne, welche zum Zeitpunkt der Publikation von *Une Ecole de Théologie: Le Saulchoir* im Jahr 1937 nicht nur französische Ortskirche und römische Kirchenzentrale voneinander trennte, sondern seit den Ereignissen von 1789 auch das Volk Gottes in Frankreich insgesamt spaltete und sich seitdem fortsetzt bis hinein in die traditionellen Spannungen zwischen der Pariser bzw. Lyoneser und der Toulouser Ordensprovinz der Predigerbrüder.

---

[11] Zur Frage nach der Einheitlichkeit der Schulen vgl. H. Donneaud, Le Saulchoir: une école, des théologies?, in: Gregorianum 83 (2002), 443–449; É. Fouilloux, Une „école de Fourvière"?, in: Gregorianum 83 (2002), 451–459.

[12] Nach Y. Congar war „das, was man ‚la théologie nouvelle' genannt hat, unvergleichlich mehr der Tradition verpflichtet als gewisse Intentionen der modernistischen Epoche: Die Dinge können durchaus nicht miteinander verglichen werden. [...] Manche haben sich [...] eine phantastische Idee der ‚théologie nouvelle' zurechtgelegt; dabei konnten sie diese Theologie nicht einmal umschreiben – das haben wir zwischen 1946 und 1950 hundertmal persönlich erfahren." (Y. Congar, Situation und Aufgabe der Theologie heute, Paderborn 1971, 13.17).

Pianische Ära
Oder: ein thomistisches Diskursmonopol

Eine theologische Schule wie diejenige der ‚Jakobiner von Le Saulchoir'[13], die seit 1904 im belgischen Exil die revolutionäre Tradition ihres Ursprungs im Kloster Saint-Jacques in Paris fortsetzten, lässt sich am besten von jenem Außen her beschreiben, in dessen Gegenüber sie entstanden ist – daher soll es im Folgenden zunächst um den römischen Versuch gehen, das spannungsreiche Diskursfeld dieser Zeit mittels eines erneuerten Thomismus zu zentrieren, der als Integral von Theologie und Philosophie am Schnittpunkt von Glaube und Vernunft spätestens seit der Enzyklika *Aeterni Patris* von 1879 mit päpstlichem Segen eine Art ‚Monopolstellung' im Zentrum des theologischen Diskurses einnahm – ein Diskursmonopol, das seit dem *Codex Iuris Canonici* von 1917 sogar im Kirchenrecht verankert war.

Bildete das Verhältnis vom Innen der Kirche und Außen der Welt nach dem neuzeitlichen Bruch zwischen Tradition und Moderne spätestens seit der Aufklärung schon eine schwierige Relation, so war es während der zeitlich durch die Pontifikate Pius' IX. und Pius' XII. begrenzten „Pianischen Epoche"[14] (1846–1958), deren Name das päpstliche Programm eines Rückzugs der Kirche in das Innen ‚moderneresistenter' Pietät verkörperte, endgültig zum Problem geworden. Für die machtförmige Genealogie von *Une Ecole de Théologie: Le Saulchoir* ist dabei bezeichnend, dass die Dauer der Konfliktgeschichte von Chenu und Le

---

[13] Vgl. M.-D. Chenu, Le Saulchoir. Eine Schule der Theologie, in diesem Buch, 86.
[14] K. Rahner, Erinnerungen. Im Gespräch mit Meinold Krauss, Innsbruck-Wien 2001, 86.

Saulchoir „ziemlich genau deckungsgleich"[15] ist mit dem Pontifikat des im vergangenen Jahrhundert letzten Papstes mit dem Namen ,Pius': Pius XII. (1939–1958).

Diese – lediglich durch Leo XIII. (1878–1903) und Benedikt XV. (1914–1922) auf moderate Weise unterbrochene Reihe der ,Pius-Päpste' versuchte, das Volk Gottes im Gezeitenwechsel der Neuzeit durch Dämme restaurativer Kirchenpolitik vor den Fluten herandrängender Moderne zu schützen, wobei sowohl der Philosophie als auch der Theologie die Aufgabe zukam, diese kirchlichen Schutzwälle im Rückgriff auf den Hl. Thomas nach innen abstützen und nach außen zu verteidigen. Im monokonfessionellen Soziotop des dahinter entstehenden ,Katholischen Milieus'[16] suchte man nun im fingierten Kontinuum einer Einheit von Dogma und Geschichte seine Zuflucht in der ,guten alten Zeit' des Mittelalters: in der Architektur des 19. Jahrhunderts wurde die Neugotik zum dominanten Baustil, während die Neuscholastik von nun an die ,Architektur' von Philosophie und Theologie bestimmte.

Während diese Wiedergeburt des Mittelalters aus dem Geist romantisierender Restauration allmählich das ,Archiv'[17] theologischer Diskurse zu formieren begann, wurde auf dem ,Feld'[18] pastoraler Praktiken ein reaktionärer Kirchenkurs eingeschlagen, der sich von anfänglicher ,Anti-Moderne' zu Beginn der Pianischen Epoche allmäh-

---

[15] L. Kaufmann, Gott im Herzen der Geschichte. M.-D. Chenu (1985–1990), eine notwendige Erinnerung an französische Impulse, in: M.-D. Chenu, Kirchliche Soziallehre im Wandel, Fribourg-Luzern 1991, 101–121, hier 108.

[16] Vgl. expl. M. Klöckner, Katholisch – von der Wiege bis zur Bahre. Eine Lebensmacht im Zerfall, München 1991.

[17] Vgl. M. Foucault, Archäologie des Wissens, a.a.O. , 186–190.

[18] Vgl. P. Bourdieu, Genese und Struktur des religiösen Feldes, in: P. Bourdieu, Das religiöse Feld. Texte zur Ökonomie des Heilsgeschehens, Konstanz 2000, 39–110.

lich zum strikten ‚Anti-Modernismus' ihrer Hochphase unter Pius X. (1903–1914) radikalisierte. Die einseitige Parteinahme von Seiten Roms während der Modernismuskrise, durch welche das römische Lehramt in Spannung zu seinem metadiskursiven Geltungsanspruch selbst Konfliktpartei wurde, führte – als Selbstverwechslung einer bestimmten Schule thomistischer Philosophie und Theologie mit dem Magisterium der Kirche überhaupt – zu erheblichen Anerkennungsdefiziten des gesamten Lehramts im Volk Gottes.

Auch wenn der Thomismus römischer Prägung seither durch die Päpste immer wieder gegen den Modernismus in Stellung gebracht wurde, fallen Neuscholastik und Anti-Modernismus keineswegs zusammen. Obwohl die meisten Anti-Modernisten auch zugleich Neuscholastiker waren, so war doch nicht jeder Neuscholastiker gleichzeitig ein Anti-Modernist – die Neuscholastik gab es nicht nur früher als den Anti-Modernismus, sie war in sich auch wesentlich vielgestaltiger als dieser. Nachdem das Lehramt in der ersten Hälfte des 19. Jahrhunderts die Wege der Tübinger Schule verbaut hatte, stellte die Neuscholastik eine eigenständige Innovation der Theologiegeschichte dar, die – beispielsweise in Gestalt des 1889 gegründeten Institut Supérieur de Philosophie in Löwen – auch durchaus Züge eines ‚Thomisme ouvert'[19] trug.

Die römische Propagierung eines bestimmten Thomismus jedoch strebte eine Monopolisierung des theologischen Diskurses nach der Gleichung *Theologie = Neuscho-*

---

[19] H. Donneaud, Le renouveau thomiste sous Léon XIII: critique historiographique, in: Institut Catholique de Paris / Centre d'études du Saulchoir (Hrsg.), Marie-Dominique Chenu. Moyen-Âge et Modernité, Paris 1997, 85–119, hier 87.

lastik = römischer Thomismus an, welche nicht nur eine Homogenisierung der Theologie in der Heterogenität ihrer Schulen, sondern auch eine Reduktion interner Differenzen des Thomismus im Plural seiner Spielarten durchsetzen wollte – eine doppelte Verengung des Diskurses, die auch auf die Philosophie ausgedehnt werden sollte, wobei in genannter Gleichsetzung lediglich ‚Theologie‘ durch ‚Philosophie‘ auszutauschen gewesen wäre. Am 27. Juli 1914 wurden von der römischen Studienkongregation 24 Thesen thomistischer Philosophie als verbindliche Summe einer ‚philosophia perennis‘ bestätigt, die von dem Gregoriana-Professor Guido Mattiussi SJ (1852–1925), dem Nachfolger des einflussreichen Thomisten Kardinal Louis Billot SJ (1846–1931), zusammengestellt worden waren – und von Chenu im Rückblick heftig kritisiert wurden:

„Diese Auflistung von Thesen hatte den Effekt, dass hier aus dem Werk des Hl. Thomas ein philosophischer Apparat herausgelöst wurde, während man gleichzeitig den Hintergrund seines Denkens und seiner Theologie außer Acht ließ. [...] Sie riss die Lehre des Hl. Thomas aus der Geschichte heraus, entzeitlichte sie und machte aus ihr eine heilige Metaphysik. Die Theologie Billots war ganz und gar [...] unbesorgt hinsichtlich der Geschichtlichkeit der christlichen Heilsökonomie, nicht vertraut mit den Quellen der Schrift und stand außerhalb der pastoralen Erfahrung [...] des christlichen Volkes.“[20]

---

[20] M.-D. Chenu / J. Duquesne, Un théologien en liberté. Jacques Duquesne interroge le Père Chenu, Paris 1975, 31.

Die von Rom auf dem Hintergrund der Differenz von Geschichte und Dogma zwar angestrebte, aber nie vollständig durchgesetzte Monopolstellung eines solchen Thomismus römischer Schule in Philosophie und Theologie war als Antwort auf die moderne Frage des Gebrauchs der Methode historischer Kritik gedacht: geht es bei der Auslegung heiliger Texte um eine apologetische Verteidigung von Wahrheit oder um die kritische Suche danach? Seit *Aeterni Patris* verlagerte sich diese Debatte von der Exegese der Hl. Schrift immer mehr hin zur Exegese der Schriften des Hl. Thomas, wobei Dominikaner auch hier beiderseits des theologischen Grabens zwischen kritischen Exegeten und apologetischen Thomisten – beziehungsweise später zwischen kritischen und apologetischen Thomasforschern – zu finden waren. Insgesamt ist aufgrund des angestrebten Monopols thomistischen Denkens für die Pianische Epoche eine starke Repräsentanz dominikanischer Theologen und Philosophen in den Diskursen jener Zeit zu verzeichnen, und auch die Dominikaner von Le Saulchoir waren darin als ‚thomasgebürtige'[21] Predigerbrüder quasi von der Natur ihrer Berufung her präsent:

„[Le Saulchoir war] Heimstätte eines intensiven intellektuellen und religiösen Lebens. Man übte darin hochgemut die monastischen Gepflogenheiten, das Chorgebet bei Tag und bei Nacht; man arbeitete viel, und das Thomasstudium stand hoch in Ehren."[22]

---

[21] Vgl. M.-D. Chenu, Le Saulchoir. Eine Schule der Theologie, a. a. O., 144.

[22] Y. Congar, Marie-Dominique Chenu, in: H. Vorgrimler / R. van der Gucht (Hrsg.), Bilanz der Theologie im 20. Jahrhundert. Bahnbrechende Theologen, Freiburg-Basel-Wien 1970, 99–122, hier 100f.

Zurück zu den Quellen
Oder: eine andere Schule des Thomismus

Dieser in Le Saulchoir praktizierte Thomismus jedoch stand in klarem Gegensatz zur quellenfernen Geschichtsvergessenheit eines überzeitlichen und ortlosen Thomismus à la Angelicum. Er zielte auf eine ‚Retour aux sources' historisch präziser Arbeit mit Originaltexten, die kein müßiges Glasperlenspiel im Elfenbeinturm mediävistischer Forschung darstellte, sondern vielmehr eine Rückkehr zu den positiven Quellen aller Spekulation, die mit Blick auf die Zeichen der Zeit aus den Ressourcen ihrer Herkunft schöpfte. Im Gegensatz zur Konklusionstheologie damals gängiger Handbücher, die allzu schnell klare ‚conclusiones' parat hatten, noch bevor eine ‚quaestio' überhaupt wirklich stark gemacht wurde, kopierte dieses ‚Ressourcement' von Le Saulchoir nicht einfach nur Antworten der Vergangenheit, sondern wendete sich auch den Fragen der Gegenwart zu. In Le Saulchoir wurde kein Thomismus gelehrt, der nur noch Fragen beantwortet, die keiner mehr stellt, während er jene Fragen überhört, die tatsächlich gestellt werden – und aufgrund dieses prekären Verhältnisses von Angebot und Nachfrage seiner Antwortbereitschaft letztlich auf doppelte Weise an der *Gegenwart* scheitert, weil er weder mit den Antworten der *Vergangenheit* noch mit den Fragen der *Zukunft* wirklich zu arbeiten vermag.

Gegen diesen zweifachen „Mangel an Respekt"[23] vor den Quellen der Theologie in Vergangenheit und Zukunft forderte Chenu in *Une Ecole de Théologie: Le Saulchoir* eine

---

23 M.-D. Chenu, Le Saulchoir, eine Schule der Theologie, a.a.O., 180.

Rückkehr des Thomismus aus dem Himmel ‚platonischer‘
Spekulation auf die Erde ‚aristotelischer‘ Positivitäten. Bis
es jedoch zu dieser Erdung thomistischer Ideen kommen
konnte, war in Le Saulchoir eine dreifache Öffnung des
Diskurses zu vollziehen: in drei Etappen kam es unter den
Regenten Gardeil (1905–1911), Lemonnyer (1911–1914/
1919–1928) und Chenu (1932–1942) zu einer sukzessiven
Überschreitung des Thomismus in Richtung einer *spirituellen* Vertiefung, einer *methodologischen* Erweiterung und
einer *pastoralen* Öffnung, die der ganzen Schule nachein-
ander den Vorwurf des Subjektivismus, des Relativismus
und des Kommunismus eintrug.

Die Equipe ‚Gardeil‘
Oder: zwischen Glaube und Vernunft

Nachdem 1904 im Zuge der radikalen Laisierung Frankreichs alle Orden des Landes verwiesen worden waren,
ließen sich einige Dominikaner der Pariser Ordensprovinz
im frankophonen Teil Belgiens nieder. Nur wenige Kilometer von Lille entfernt, begannen sie in einem alten Kloster der Zisterzienserinnen in Kain bei Tournai ein neues
Generalstudium für die philosophische und theologische
Ausbildung der Predigerbrüder ihrer Provinz aufzubauen,
das wegen des von Weiden umstandenen Grundstücks
‚Le Saulchoir‘[24] genannt wurde. Im Herbst desselben Jahres begann dort unter dem Gründungsregens Ambroise
Gardeil OP (1859–1931) der Lehrbetrieb, der nicht nur in
enger Verbindung zu M.-Joseph Lagrange OP (1855–
1938) in Jerusalem stand, sondern auch zu Pierre Mandonnet OP (1858–1936) in Fribourg und Antonin-G. Sertil-

---

[24] Von frz. ‚le saule‘ – Weide.

langes OP (1863–1948) in Paris, die beide 1920 bzw. 1928 zur zweiten Equipe von Le Saulchoir dazustießen.

Jenseits von Modernismus und Anti-Modernismus versuchte man in der ersten Equipe eine „progressive Vermittlung"[25] von spekulativer und positiver Theologie im Akt des Glaubens, die auf Gardeils erstmals 1910 publizierter Programmschrift *Le Donné Révélé et la Théologie* beruhte, welche 1932 – mit einem Vorwort von Chenu versehen – neu aufgelegt wurde. Bei diesem Versuch, in Le Saulchoir einen „Mittelweg zwischen Fideismus und Intellektualismus"[26] zu beschreiten, sollte die integrale Differenz von Glaube und Vernunft weder fideistisch zum einen noch intellektualistisch zum anderen Pol hin aufgelöst werden. Das Ziel dieser „fides in statu scientiae"[27] war es, auf dem Boden dominikanischer Spannungseinheit von Aktion und Kontemplation in Wissenschaft und Spiritualität jene ‚Spottgeburt von Theologie'[28] einer extrinsezistischen Trennung von Glaube und Vernunft zu vermeiden, in welcher neuscholastische „Dialektik die Kontemplation zersetzt"[29].

---

[25] J. Bunnenberg, In den Fängen des Hl. Offiziums. „Die düsteren Jahre" des Dominikaners Yves Congar, in: WuA 44 (2003), 21–27, hier 22.

[26] W. W. Müller, Was kann an der Theologie neu sein? Der Beitrag der Dominikaner zur ‚nouvelle théologie', in: ZKG 1 (1999), 86–104, hier 91.

[27] M.-D. Chenu, Le Saulchoir, Eine Schule der Theologie, a. a. O., 111.

[28] Ebd., 113.

[29] Ebd., 171

Die Equipe ‚Lemonnyer'
Oder: zwischen Apologetik und Kritik

Zur weiteren Profilierung von Le Saulchoir im Sinne der *Ratio studiorum* von 1907 wurde von der zweiten Equipe um Antoine Lemonnyer OP (1872–1932), der mit einer fünfjährigen Kriegsunterbrechung von 1911 bis 1928 Regens in Le Saulchoir war, unter dem Einfluss des Kirchengeschichtlers Mandonnet im Jahr 1921 ein eigenes Institut für Mediävistik eingerichtet. Außerdem kam es zwischen 1921 und 1924 zur Gründung der *Bibliothèque Thomiste*, der *Société Thomiste*, des *Bulletin Thomiste* und später auch zu interkontinentaler Starthilfe bei der Gründung des *Institut d' Etudes Médiévales* in Ottawa, die der 1920 zur Equipe gestoßene Chenu – auch er ein leidenschaftlicher „Thomist durch und durch"[30] – im Jahr 1930 zusammen mit Étienne Gilson initiierte. In all diesen neuen Institutionen mediävistischer Thomasforschung begann man nun, die in der Bibelexegese bewährte Methode historischer Kritik auf das Werk des Hl. Thomas anzuwenden: es kam zum „Hereinbrechen der historischen Kritik in das Herz der Studien"[31].

Aufgrund seiner neuen Ausrichtung auf eine historisch-kritische Thomasexegese positionierte sich Le Saulchoir zu Beginn der zwanziger Jahre zwischen den Fronten damaliger Theologie: mit den Modernisten teilte man deren exegetischen Forschungswerkzeuge, mit den Anti-Modernisten die thomistische Grundausrichtung. Bei die-

---

[30] E. Schillebeeckx, In memory of Marie Dominique (Marcel) Chenu OP (7 January 1895 – 11 February 1990), in: E. Schillebeeckx, I am a happy theologian. Conversations with Francesco Strazzari, London 1994, 89–92, hier 91.
[31] É. Fouilloux, Une Église en quête de liberté. La pensée catholique française entre modernisme et Vatican II, Paris 1998, 127.

ser methodischen Neuorientierung von Le Saulchoir ging
es für Lemonnyer und Mandonnet um kritische Wissenschaft, die zwischen Thomas und Thomismus zu unterscheiden im Stande ist: der ‚Angelicus‘ der Thomisten ver-
hält sich zu Thomas von Aquin, wie der ‚Christus‘ der Bibli-
ker zu Jesus von Nazareth – und Ie Saulchoir wurde für
die Thomasforschung das, was die École Biblique für die
Bibelexegese bedeutete: ein Ort mutiger Erneuerung auf
dem Feld theologischer Methodologie.

Die Equipe ‚Chenu‘
Oder: zwischen Theologie und Pastoral

„Diese offene Hochschule wurde zu einer Art Geburtsort
für mich, diesem Ort verdanke ich wahrscheinlich meine
Existenz."[32] Mit dieser intellektuellen Liebeserklärung an
Le Saulchoir erinnerte sich Chenu noch als 86jähriger an
jenes Generalstudium seiner Ordensprovinz, an dem er
im September 1920 als junger Professor für *Geschichte der
christlichen Lehren* zu dozieren begann – eine sehr weit
gefasste Titulatur, welche man dem ‚gefährlicheren‘ Begriff der Dogmengeschichte vorzog. Zuvor hatte er – nach
dem Noviziat in Versailles (1912–1913) und einem Jahr in
Le Saulchoir (1913–1914), das wegen des beginnenden
Ersten Weltkriegs seinen Lehrbetrieb einstellen musste –
am Angelicum in Rom sein Studium der Philosophie und
Theologie (1914–1920) absolviert. Im Juli 1920 schloss er
dieses mit einer Arbeit über psychologische und theolo-

---

[32] M.-D. Chenu / Ch. Modehn, Auf der Suche nach den „Zeichen der Zeit." Wer
den Glauben verstehen will, muss seine Geschichtlichkeit ernstnehmen – ein
Gespräch mit dem französischen Theologen Marie-Dominique Chenu, in:
Publik-Forum 16 (1981), 16–19, hier 16.

gische Dimensionen der Kontemplation bei Thomas von Aquin ab, die unter dem Titel *De contemplatione* bei Réginald Garrigou-Lagrange OP (1877–1964) entstanden war.

Obwohl dieser ihn gerne als Assistent am Angelicum behalten hätte, entschied sich Chenu gegen eine theologische Karriere in Rom und wechselte zurück nach Le Saulchoir, wo nach dem Ende des Krieges eine neue Equipe aufgebaut wurde. Dort fühlte er sich nun wie ein „Fisch im Wasser"[33], wie er 1923 in einem Brief an seinen Provinzial schrieb und avancierte aufgrund seiner unkonventionellen Lehrweise schnell zum „neuen Star"[34] von Le Saulchoir. Schon bald übernahm Chenu neben seinen propädeutischen Vorlesungen und Kursen die Betreuung der Bibliothek (1928–1933) und von dessen Gründung 1924 an auch die Redaktion des *Bulletin Thomiste*. Von 1927 bis 1934 kam die Leitung der *Revue des Sciences Philosophiques et Théologiques* hinzu und im Jahr 1932 schließlich übertrug man dem erst 37jährigen, von dem seine damaligen Studenten behaupteten, der Hl. Thomas selbst spräche ,durch ihn'[35] zu ihnen, die Gesamtverantwortung für das Philosophicum und Theologicum von Le Saulchoir.

[33] A. Duval, M.-D. Chenu – eine werkbiographische Skizze, in: M.-D. Chenu, Leiblichkeit und Zeitlichkeit. Eine anthropologische Stellungnahme (Collection Chenu I), hrsg. vom Institut M.-Dominique Chenu durch Ch. Bauer, Th. Eggensperger und U. Engel, Berlin 2001, 61–75, hier 65.
[34] Vgl. É. Fouilloux, Le Saulchoir en procès (1937–1942), in: M.-D. Chenu, Une école de théologie: Le Saulchoir. Avec les études de Giuseppe Alberigo, Étienne Fouilloux, Jean Ladrière et Jean-Pierre Jossua, Paris 1985, 39–59, hier 41.
[35] Th.-G. Chifflot, Par lui saint Thomas nous parle, in: L'Hommage différé au père Chenu, a.a.O., 207.

Gewissermaßen als „Nachfolger"[36] des Aquinaten begann Chenu nun zusammen mit der dritten Equipe von Le Saulchoir, besonders mit seinen ehemaligen Studenten Yves Congar und Henri-M. Féret OP (1904–1992), die beiden unterschiedlich akzentuierten Programme der Vorgängerequipes weiterzuentwickeln: der Primat spiritueller Erfahrung und die Methode historischer Kritik sollten in Forschung und Lehre eine Einheit bilden, deren innere Dynamik die neue Equipe geradewegs auf das Feld pastoraler Aufbrüche führte. Das wohl wichtigste Datum in diesem Zusammenhang ist das Jahr 1932, in dem Le Saulchoir erstmals Gruppen der Christlichen Arbeiterjugend J.O.C.[37], die 1925 in der Wallonie vom späteren Kardinal Joseph Cardijn (1882–1967) gegründet worden war, zu Einkehrtagen aufnahm. Der bislang vor allem auf Spiritualität und Wissenschaft ausgerichtete Studienkonvent wurde nun zum Ort einer pastoralen Öffnung des theologischen Diskurses auf die Welt der Moderne hin, die Le Saulchoir im fremden Außen des Milieus junger Arbeiter entgegentrat: Frankreich, dessen Kirche mit gallikanischem Stolz den Ehrentitel der ‚Ältesten Tochter' der Kirche trug, war längst zum ‚Missionsland'[38] geworden.

---

36 M.-D. Chenu / J. Duquesne, Un théologien en liberté, a.a.O., 54.

37 Vgl. M.-D. Chenu, La J.O.C. au Saulchoir, in: M.-D. Chenu, L'Evangile dans le temps. La parole de Dieu II, Paris 1964, 271–274.

38 H. Godin / Y. Daniel: La France – pays de mission?, Paris 1943.

Marx als Aristoteles
Oder: ein Ortswechsel der Theologie

Gegen Ende des Jahres 1933 erlaubte Chenu dem jungen – später aufgrund der Arbeiterpriesterkrise aus dem Orden ausgetretenen – Dominikaner Albert Bouche (1909 – 1999) ein erstes Betriebspraktikum in den Kohleminen von Charleroi, dem von diesem Zeitpunkt an – ein revolutionäres „Novum"[39] in der Ausbildung des Ordens – regelmäßig weitere Aufenthalte von Predigerbrüdern in anderen Betrieben folgen sollten. Als Neuerung auf der Ebene des Diskurses nahm Chenu nun auch einführende Kurse zu den Schriften von Karl Marx in das Studienprogramm von Le Saulchoir auf, den er als einen ‚Aristoteles des 20. Jahrhunderts'[40] betrachtete, mit dem sich junge Dominikaner in der Nachfolge des Hl. Thomas auseinandersetzen müssten – bevor das Hl. Offizium 1949 sowohl Verbreitung als auch Lektüre kommunistischer Schriften unter Androhung der Exkommunikation verbot.

Schon ein kurzer Blick auf die von Christophe Potworowski in *Contemplation and Incarnation. The Theology of Marie-Dominique Chenu* publizierte Gesamtbibliographie seiner Schriften vor und nach 1932 zeigt, dass die erste Begegnung mit der J.O.C. in Le Saulchoir auch für Chenu persönlich eine diskursverändernde Schlüsselerfahrung war.

---

[39] W. W. Müller, Was kann an der Theologie neu sein?, a.a.O., 94.

[40] „Unsere Aufgabe ist es, die Fragestellung über den Menschen so zu bieten, wie sie die Offenbarung ihrer neuen Quellen in einer Wirtschaftslehre von der Welt uns erkennen lässt, da jetzt endlich die Arbeit in ihrer Totaldynamik aufscheint, der person- und gemeinschaftsgebundenen, der metaphysischen und historischen. Wohl war ein Nicht-Christ der Prophet dieser Offenbarung. Doch bietet sich ein solches Ereignis nicht zum ersten Mal. Für Aristoteles gilt das in ähnlicher Weise. [...] Denn er ist keinesfalls dem Begriff der Transzendenz so verschlossen, wie es Marx ist. Daher hat ihn der heilige Thomas auch ‚taufen' können." (Vgl. M.-D. Chenu, Pour une théologie de travail, Paris 1955, 65.)

Aufgrund des in Le Saulchoir exemplarisch vollzogenen „Ortswechsels der Theologie"[41] kamen bei Chenu, der sich bis dato vor allem im Horizont der Vergangenheit mit den realen Produktionsverhältnisse der Theologie beschäftigt hatte, nach 1932 jene gegenwärtigen „Orte theologischer Produktion"[42] Im praktischen Außen des Diskurses in den Blick, an denen sich für marxistische Praxisphilosophie die Frage nach der Wahrheit einer Theologie prinzipiell entscheidet:

„Die Frage, ob dem menschlichen Denken gegenständliche Wahrheit zukomme – ist keine Frage der Theorie, sondern eine praktische Frage. In der Praxis muß der Mensch die Wahrheit [...] seines Denkens beweisen. Der Streit über die Wirklichkeit oder Nichtwirklichkeit des Denkens – das von der Praxis isoliert ist – ist eine rein scholastische Frage."[43]

Auf diesem Hintergrund transformierte Chenu mit seinem zentralen Begriff der „Lieux théologiques en acte"[44] jene Topologie zur Diskursivierung theologischer Praktiken, die Melchor Cano OP (ca. 1509–1560) zu Beginn der Neuzeit mit seinem methodologischen Standardwerk *De locis theologicis*[45] auf dem Boden antiker Rhetorik vorge-

---

[41] Vgl. M.-D. Chenu, Preface, in: T. Tshibangu, Théologie comme science au XXème siècle, Kinshasa 1980, 7–9, hier 8.

[42] C. Geffré, Conclusions I, in: Institut Catholique de Paris, Le Déplacement de la Théologie. Acte du colloque méthodologiques de Février 1976, Paris 1977, 171–178, hier 172.

[43] K. Marx, Thesen über Feuerbach, in: Ders., Frühe Schriften. Zweiter Band, Darmstadt 1971, 1–4, hier 1.

[44] Vgl. M.-D. Chenu, Le Saulchoir, eine Schule der Theologie, a.a.O., 133

[45] Vgl. einführend zur deutschsprachigen Debatte um die ‚loci theologici': H.-J. Sander, Das Außen des Glaubens – eine Autorität der Theologie. Das Differenzprinzip in den Loci theologici des Melchior Cano, in: H.-J. Sander / H. Keul (Hrsg.), Das Volk Gottes – ein Ort der Befreiung (FS Elmar Klinger), Würzburg 1998, 240–258.

legt hatte. Für beide Dominikaner ging es um die Frage nach ,allgemeinen' Orten im Raum des Diskurses, von denen her die Argumente einer Theologie ihre Autorität gewinnen, wobei Cano sowohl Schrift und Tradition als ,loci revelationem constituentes', als auch katholische Kirche, Konzilien, römische Kirche, Kirchenväter, Scholastik als ,loci proprii' und Vernunft, Philosophie und Geschichte als ,loci alieni' zur Interpretation eben dieser konstitutiven Orte benannte. Für Chenu hingegen besaßen auch ,praktische' Orte der Theologie im Feld menschlicher Aktion wie Emanzipation der Kolonien, Pluralisierung der Kultur, Ökumene der Konfessionen, Aufkommen der Massengesellschaft oder Aufbruch der Kirche eine ,theologale'[46] Dignität– eine in *Une Ecole de Théologie: Le Saulchoir* zu findende Aufzählung, die nicht nur ihren Sitz im Leben von Le Saulchoir hatte, sondern auch in marxistischer Perspektive auf die Wahrheitsfrage selbst verweist, wie Chenu beispielsweise in einem späten Interview mit Blick auf seine Studienzeit in Rom bemerkt:

„Damals war ja die Zeit des Ersten Weltkriegs, das Essen wurde knapp, allgemein herrschte Not. Nur in den Büros der Kurie ging alles seinen gewohnten Gang, man hatte keinerlei Aufmerksamkeit für das Drama der Menschen. Das war das Zeichen für den *Irrtum* dieser Theologie."[47]

---

[46] M.-D. Chenu, Une concile, pastoral, in M.-D. Chenu, L'Evangile dans les temps. La parole de Dieu II, Paris 1964, 657–672, hier 671.
[47] M.-D. Chenu / Ch. Modehn, Auf der Suche nach den „Zeichen der Zeit", a.a.O., 16. (Hervorhebung: Ch. B.)

Wahrheit macht frei
Oder: ein Vortrag mit Folgen

Am 7. März 1936 hielt Chenu als Regens von Le Saulchoir anlässlich einer Feierstunde zu Ehren des Hl. Thomas vor den 22 Professoren und 125 Studenten der beiden Fakultäten ‚seiner' Hochschule einen denkwürdigen Vortrag. Ausgehend von der biblischen Maxime *Die Wahrheit wird euch frei machen* (Joh 8, 32) entwarf er in dieser programmatischen Rede ein ‚kollektives Selbstportrait'[48] von Le Saulchoir, in dessen Zentrum die spirituelle Freiheit des Hl. Thomas und der Predigerbrüder im 20. Jahrhundert standen:

„Es ist überdies nicht unerheblich für das Verständnis des Hl. Thomas, festzustellen, dass er zur Zeit des Hl. Ludwigs und Friedrichs II. lebte, zu jener Zeit, als die Städte ihre Freiheit erkämpften, als der Geldverkehr die gesamte Ökonomie veränderte, die Zünfte die Mündigkeit eines ganzen Standes bezeugten, Notre Dame erbaut und der Rosenroman geschrieben wurde [...]. Der Hl. Thomas war ein ebenso wagemutiger wie ausgewogener Meister dieser spirituellen Ausrichtung, die eine neue Welt erschuf. Unter diesen Umständen lichtete er die Anker in innerer und äußerer Unabhängigkeit, in [...] spiritueller Freiheit, die ein charakteristischer Zug seines Geistes war, dessen Grundlagen [...] eine Leidenschaft zur Einmischung, ein scharfes und zugleich behutsames Urteilsvermögen im Bezug auf die Wege des Wissens sowie [...] eine lautere Kontemplation der Wahrheit, welche die Glut der Erfindungsfreude anfacht [...]. Dies sind die Quellen, Grundlagen und Sicherheiten unserer spirituellen Freiheit im 20. Jahr-

---

[48] É. Fouilloux, Le Saulchoir en procès, a.a.O., 39.

hundert, so wie es diejenigen für den Hl. Thomas im 13. Jahrhundert waren."[49]

Chenu benannte als Bedingung der Möglichkeit solcher Freiheit im Geiste des Hl. Thomas die Bewahrung seines Denkens im Zustand der Erfindungskraft, die Ausrichtung des Wissens am Stand der Wissenschaften und nicht zuletzt die Kontemplation als „spirituelles Milieu, in dem wir uns […] die Glut der Entdeckerfreude und Ordnung der Methode […] bewahren"[50]. In feierlichem Pathos spannte Chenu am Ende seiner Rede in Abwandlung des Eingangszitats – und auf das Ordensmotto ‚Veritas' anspielend – die beiden Begriffe der Wahrheit und der Freiheit zusammen: „‚Die Wahrheit wird uns frei machen.' Wahrheit das ist Freiheit."[51]

Die begeisterte Reaktion seines Auditoriums veranlasste Chenu, diesen Entwurf eines gemeinsamen Leitbildes, der schon bald in Form hektographierter Blätter kursierte, im Rückgriff auf frühere Arbeiten zu einem kleinen Buch über Le Saulchoir zu vertiefen und zu erweitern. Auf 128 Seiten zeichnet Chenu darin den Weg des Generalstudiums der Pariser Ordensprovinz von Saint-Jacques bis Le Saulchoir nach (Kapitel I), erklärt Geist und Methoden (Kapitel II), welche die dort gelehrte Theologie (Kapitel III) und Philosophie (Kapitel IV) bestimmen, und konkretisiert beides am Beispiel der Mittelalterstudien (V) – eine Liste der bisherigen Publikationen von Le Saulchoir rundet das dem Pariser Weihbischof Beaussart gewidmete Bändchen

---

[49] Vgl. M.-D. Chenu, Veritas liberabit vos. La Vérité vous rendra libres (Jn 8, 32), in: Sources 16 (1990), 97–106, hier 100f.

[50] Ebd., 103.

[51] Ebd., 106.

ab. Mit dem Placet seines Ordensoberen und in einer Auflage von weniger als tausend Exemplaren wurde es unter dem Titel *Une Ecole de Théologie: Le Saulchoir* gegen Ende des Jahres 1937 von dem katholischen Verlagshaus Castermann in Tournai ‚pro manuscripto'[52] gedruckt, war also nur für den Gebrauch innerhalb des Ordens bestimmt und nicht im Handel erhältlich.

Diese zunächst unspektakuläre Publikation einer ordensinternen Denkschrift, die nicht nur von jungen Dominikanern mit großer Leidenschaft gelesen wurde, fiel mit zwei wichtigen Ereignissen in der Genealogie von Le Saulchoir unter der Ägide Chenus zusammen: der päpstlichen Anerkennung seines Philosophicums und Theologicums als Fakultäten kanonischen Rechts am 29. Juni 1937 und der Rückkehr der Predigerbrüder von Le Saulchoir nach Paris, vor dessen Toren sie sich von 1937 an nach und nach niederließen. In Etiolles erfüllte sich für sie damit – nur wenige Kilometer von Chenus Geburtsort Soisy-sur-Seine entfernt – ein langjähriger „Traum"[53]:

„Man muss diese Zeit erlebt haben, um begreifen zu können, welche Hoffnung das für uns bedeutete. Mit Pater Chenu und in seinem Gefolge glaubten wir an die Theologie und dachten, sie habe den Menschen von heute noch etwas zu sagen, sofern sie nur sich nicht damit begnügte, die einst gefundenen Formeln neu aufzuwärmen, sondern eine Antwort auf die Zeitfragen zu suchen wüsste."[54]

---

[52] Vgl. die spätere Kritik dieser Praxis durch Papst Pius XII. in *Humani Generis* (Abschnitt 14).

[53] Y. Congar, Marie-Dominique Chenu, a.a.O., 102.

[54] Ebd.

Spätestens nach der unter römischem Druck erfolgten Einstellung der dominikanischen Wochenzeitung *Sept* jedoch, mit der im Sommer des Jahres 1937 zehn Jahre „idyllischer Ruhe"[55] zwischen Frankreich und Rom endeten, sollte dieser Traum zerplatzen: über Le Saulchoir und seinen Rektor begannen sich nun dunkle Wolken zusammenzubrauen. Erste Vorboten eines drohenden Gewittersturms waren, dass Chenus kleines Büchlein Anfang 1938 aus dem Verkehr gezogen und er selbst im Februar 1938 nach Rom zitiert wurde, wo man ihm als ordensinterne Vorsichtsmaßnahme nahe legte, ein handgeschriebenes Papier mit zehn lateinischen Thesen zu unterschreiben. In einer pragmatischen Haltung gläubiger Hoffnung – Chenu entgegnete Kardinal Feltin (1883–1975), der ihn als Erzbischof von Paris (1949–1966) anlässlich seines 70. Geburtstags wegen mehrfach bewiesenen Gehorsams lobte: „Eminenz [...], das war kein Gehorsam, denn der Gehorsam ist eine mittelmäßige Tugend. Ich hatte einfach nur Glauben an das Wort Gottes, angesichts dessen die Hindernisse und Unglücksfälle auf dem Weg unbedeutend sind [...]."[56] – unterzeichnete Chenu diese Erklärung, vertraute er doch darauf, dass sich mit Hilfe dieses vorauseilenden Gehorsams ein Prozess am Hl. Offizium vermeiden ließe:

„1. Die dogmatischen Formeln drücken eine absolute und unwandelbare Wahrheit aus.

2. Die wahren und gesicherten Sätze, sei es in der Philosophie oder in der Theologie, sind in sich stark und in keiner Weise brüchig.

---

[55] É. Fouilloux, Autour d'une mise a l'index, in: Institut Catholique de Paris / Le Centre d'études du Saulchoir (Hrsg.), Marie-Dominique Chenu: Moyen-Âge et Modernité, a. a. O., 25–56, hier 28.

[56] M.-D. Chenu / J. Duquesne, Un théologien en liberté, a.a.O., 122.

3. Die heilige Tradition schafft keine neuen Wahrheiten, vielmehr ist am Depositum der Offenbarung entschlossen festzuhalten sowie daran, dass der Bestand an göttlich geoffenbarten Wahrheiten mit dem Tod des letzten Apostels abgeschlossen gewesen sei.

4. Die heilige Theologie ist nicht eine Art Spiritualität, die sich ihrer religiösen Erfahrung angepasste Werkzeuge erfindet, vielmehr ist sie eine wirkliche Wissenschaft, unter dem Segen Gottes, durch Eifer gewonnen, deren Grundlagen die Glaubenssätze sind und alle geoffenbarten Wahrheiten, denen der Theologe durch gottgeschenkten, wenigstens unvollkommenen Glauben anhängt.

5. Die verschiedenen theologischen Systeme sind in bezug auf das, worin sie sich untereinander widersprechen, nicht gleichzeitig wahr.

6. Es gereicht der Kirche zur Ehre, die Systeme des Hl. Thomas für in hohem Maße orthodox zu halten, d.h. den Wahrheiten des Glaubens höchst konform.

7. Es ist notwendig, die theologischen Wahrheiten durch die Hl. Schrift und Tradition zu beweisen, aber auch ihre Natur und inneren Begründungszusammenhang durch die Prinzipien und die Lehre des Hl. Thomas zu erhellen.

8. Der Hl. Thomas war, auch wenn er im eigentlichen Sinne Theologe war, für seine Person auch Philosoph; daher ist seine Philiosophie in ihrer Einsichtigkeit und Wahrheit nicht abhängig von seiner Theologie, und sie verkündet keine schlechthin relativen, sondern absolute Wahrheiten.

9. Es ist für den Theologen in seinem wissenschaftlichen Vorgehen besonders notwendig, die Metaphysik des Hl. Thomas anzuwenden und die Regeln der Dialektik genau zu beachten.

10. Bei anderen anerkannten Autoren und Doktoren ist strenge Mäßigung zu wahren in der Art des Sprechens und Schreibens, auch wenn bei ihnen gewisse Fehler gefunden werden sollten."[57]

Aufgrund dieser Schwierigkeiten Chenus publizierte im selben Jahr ein junger Dominikaner vom Löwener Generalstudium namens Louis Charlier OP (1898–1981) seine dort entstandene Arbeit zur Erlangung des theologischen Magistergrades unter dem Titel *Essai sur le Problème Théologique* erst nach einigem Zögern. Dieses Zögern Charliers war nicht unbegründet, denn auch er wird 1938 nach Rom vorgeladen: sein Dossier betreute kein geringerer als Michael Browne OP (1887–1971), von 1932 bis 1941 Rektor am Angelicum, danach Konsultor des Hl. Offiziums, ab 1951 Päpstlicher Hoftheologe, von 1954 bis 1962 Generalmagister des Ordens und ab 1962 schließlich Kardinal.

Am 17. Januar 1939 schickte Ordensmeister Martin Gillet OP (1875–1951), der zuvor selbst Professor in Le Saulchoir (1909–1921) gewesen war, Chenu eine Aufstellung mit fünf Irrtümern gegenwärtiger Theologie, die sich in Rom gerade in Umlauf befand und teilweise eindeutig gegen Le Saulchoir gerichtet war. Römisches Misstrauen erregte beispielsweise das ökumenische Engagement von Yves Congar, der mit Kriegsunterbrechung seit 1931 in Le Saulchoir neben Fundamentaltheologie auch Ekklesiologie lehrte und bereits 1937 unter dem Titel *Chrétiens Désunis. Principes d'un Oecumenisme Catholique* einige Vorträge

---

57 Vgl. das Faksimile im Anhang von G. Alberigo, Christianisme en tant qu'histoire et ,théologie confessante', in: M.-D. Chenu, Une école de théologie: Le Saulchoir, a.a.O., 11–35.

publizierte, die er während der Gebetswoche für die Einheit der Christen in Sacré Cœur am Montmartre gehaltenen hatte. Diesem ersten Band der von ihm betreuten Reihe *Unam Sanctam* folgten 1938 als erstes großes Werk von Henri de Lubac *Catholicisme. Les Aspects Sociaux du Dogme* und zum 100. Todestag des ‚Tubingers' Johann Adam Möhler eine französische Neuausgabe von dessen Buch *Die Einheit der Kirche, oder das Prinzip des Katholizismus* – allesamt Publikationen, welche die in Rom kursierenden Gerüchte über einen angeblich in Le Saulchoir wiederkehrenden Modernismus keineswegs entkräfteten.

Die ‚Affäre Chenu'
Oder: eine ganze Schule auf dem Index

Am 14. März 1940 schließlich wurde ein weiterer denkwürdiger Vortrag anlässlich eines Thomasfestes gehalten, dieses Mal jedoch am Angelicum und von Mariano Cordovani OP (1883–1950), einem ehemaligen, inzwischen als Konsultor am Hl. Offizium und als Hoftheologe im Apostolischen Palast fungierenden Rektor des Angelicums (1927–1932). In dieser unter dem Titel *Per la vitalità della teologia cattolica* am 22. März 1940 im *Osservatore Romano* und wenig später in der Zeitschrift *Angelicum* abgedruckten Ansprache wurde Chenu von Cordovani erstmals öffentlich, doch ohne Namensnennung angegriffen. Zwei Jahre später erst sollte Chenu, dann allerdings mit gravierenden Folgen, in die seit einem von Rosaire Gagnebet OP (1904–1983) – ein aus der Toulouser Ordensprovinz stammender Professor am Angelicum – 1939 in der *Revue Thomiste* publizierten Artikel öffentlich ausgetragene Debatte um Charliers methodenkritisches Buch hineingezogen werden.

Am 4. Februar 1942 nämlich fiel in Rom – nach einem ordentlichen Prozess, der die Schritte Anzeige beim Hl. Offizium, Formulierung der offiziellen Anklage, Entscheidung der Konsultoren, Bestätigung durch den Papst umfasste – die Entscheidung, *Une Ecole de Théologie: Le Saulchoir* und *Essai sur le Problème Théologique* auf den Index der verbotenen Bücher zu setzen. Dieser Beschluss wurde unter dem Datum des 6. Februar in den *Acta apostolicae sedis* veröffentlicht und am 9./10. Februar im *Osservatore Romano* von Pietro Parente (1891–1986), einem Konsultor des Hl. Offizium und später konzilsloyalen Kardinal, sekundiert. In diesem offiziösen Artikel warf Parente sowohl Chenu als auch Charlier, die er fälschlicherweise beide in Le Saulchoir verortete, unter der Überschrift *Nuove tendenze teologiche* vor, mit „jugendlichem Wagemut"[58] nichts weniger als eine „Nouvelle théologie"[59] zu vertreten – ein polemischer Kampfbegriff, der in diesem Zusammenhang „wahrscheinlich"[60] zum ersten Mal von römischer Seite gegen französische Theologen verwendet wurde.

Chenu erfuhr von dieser Indizierung, die automatisch seine Absetzung als Rektor von Le Saulchoir und den Verlust seines dortigen Lehrstuhls nach sich zog, nach eigener Aussage über das Radio bzw. aus der Zeitung – wie auch der Generalmagister seines Ordens in Rom und Kardinal Emanuel Suhard (1874–1949), der sich als zuständiger Erzbischof von Paris nicht nur weigerte, diese Entscheidung im Amtsblatt seiner Diözese offiziell bekannt zu geben, sondern Chenu auch in prophetischer Weitsicht

---

58 P. Parente, Nuove tendenze teologiche, in: OR 82 (9./10. 1942), 1.
59 Ebd.
60 É. Fouilloux, Une Église en quête de liberté, a.a.O., 193.

wenig später Mut zusprach:"Seien Sie nicht allzu traurig,
petit père, in zwanzig Jahren werden alle so reden wie
Sie."[61] Auch wenn die meisten an der Indizierung beteiligten Personen auf der Ebene persönlicher Motivation
sicherlich 'bona fide'[62] gehandelt haben, wurde die Indizierung im gesamten Umfeld von Le Saulchoir doch als
das „Ergebnis undurchsichtiger Machenschaften"[63] verstanden, auf das Chenu selbst nach dem Zeugnis von
André Duval OP (*1912) aber äußerst gefasst reagierte:
„Trotz des schweren Schocks, den die Indizierung vom
Februar 1942 auslöst [...], scheint P. Chenu keinen Augenblick in seinem Glauben erschüttert. Am Abend jenes Tages, an dem die Nachricht in Étiolles eingetroffen ist, sagt
er zu mir: 'Man kann es eigentlich nur wie P. Lagrange
machen: ein Ave Maria beten und weiterarbeiten.' Das
genau tut er in den folgenden Tagen: Er setzt die Überar-
beitung des Kapitels über Bonaventura für die zweite Auflage von 'Théologie comme Science au XIIIe Siècle' fort."[64]
Als unerschütterlicher "Optimist der Gnade"[65] begann der
inzwischen 47jährige nun als Dozent am Institut Catholique und an der Ecole des Hautes Etudes der Sorbonne ein
neues Leben in Paris, wo er im Doppelsinn des Wortes
intensiv im"Dreizehnten"[66] lebte: im 13. Jahrhundert und

---

[61] M.-D. Chenu / J.Duquesne, Un théologien en liberté, a. a.O., 121.

[62] D. Berger, Der theologiegeschichtliche Kontext der Enzyklika Humani generis, in: ders. (Hrsg.), Die Enzyklika Humani generis Pius XII.: 1950–2000. Geschichte, Doktrin, Aktualität eines prophetischen Lehrschreibens, Köln 2000, 13–52, hier 15.

[63] E. Schillebeeckx, In memory of Marie Dominique (Marcel) Chenu (7 January 1895–11 February 1990), a. a.O., 90.

[64] A. Duval, M.-D. Chenu – eine werkbiographische Skizze, a. a.O., 68f.

[65] E. Schillebeeckx, In memory of Marie Dominique (Marcel) Chenu (7 January 1895–11 February 1990), a. a.O., 91.

im 13. Arrondissement. Während seiner Pariser Jahre zwischen 1942 bis 1954 verfasste Chenu mediävistische Standardwerke wie eine überarbeitete Neuausgabe von *La Théologie comme Science au XIIIe Siècle* oder die *Introduction à l'Etude de Saint Thomas d'Aquin* als Summe früherer Vorlesungen, während er sich gleichzeitig in zahlreichen Arbeiterclubs, Laienéquipes, Priestergruppen, Initiativkreisen und Intellektuellenzirkeln der berühmten ‚Chrétiens du XIIIe'[67] engagierte.

Im Zusammenhang mit der Indizierung von *Une Ecole de Théologie: Le Saulchoir* aber bleibt die abschließende Frage, wie ein kleines Büchlein, das nur wenige Wochen von Ende 1937 bis Anfang 1938 erhältlich war, zu einem der wenigen französischen ‚Opfer des Index'[68] zwischen Modernismuskrise und Konzil werden konnte – während andere, in der Öffentlichkeit weitaus heftiger diskutierte Werke nicht mit dieser kanonischen Maximalsanktion belegt wurden. Solange die entsprechenden Archive in Rom noch geschlossen sind, bleiben in diesem Zusammenhang mehr Fragen als Antworten: Wer waren die treibenden Kräfte hinter der Indizierung? Jesuiten von der Gregoriana oder gar eigene Ordensbrüder vom Angelicum? Brachten Chenus Nachrufe auf Thomas Pègues OP und Kardinal Lépricier das Fass römischer Geduld zum Überlaufen? Gegen wen war die Indizierung eigentlich gerichtet? Primär gegen Charlier und Chenu als Einzelpersonen oder gar gegen die gesamte Schule von Le Saulchoir? Nicht wenige Indizien sprechen für letztere Vermutung: durch diese drastische Maßnahme war mit dem

---

[66] A. Duval, M.-D. Chenu eine werkbiographische Skizze, a. a.O., 69.

[67] P. Pierrard, L'Eglise et les ouvriers en France. 1940–1990, Hachette 1991, 181.

[68] É. Fouilloux, Autour d'une mise à l'index, a. a.O., 25.

„Mann, der sein Herz und seine Seele war, [...] Le Saulchoir selbst getroffen"[69]. Die Indizierung von *Une Ecole de Théologie: Le Saulchoir* sollte in der Person ihres Rektors wohl im doppelten Wortsinn ‚eine Schule der Theologie' als Ganze treffen, die in Rom unter den Verdacht geriet, ein französisches „Anti-Angelicum"[70] zu sein.

Humani generis
Oder: Jesuiten als neue Zielscheibe?

Mit dieser Indizierung von 1942 waren die Auseinandersetzungen zwischen Frankreich und Rom jedoch weder für Chenu noch für Le Saulchoir beendet. Der Konflikt um den ‚wahren' Thomas sollte sich im Gegenteil sogar noch ausweiten zu einem erbitterten Kampf um eine ‚théologie nouvelle' überhaupt. Zur neuen Zielscheibe römischer Angriffe wurden nun Jesuiten aus dem Umfeld von La Fourvière, dem Studienzentrum der Gesellschaft Jesu in Lyon: Henri de Lubac vom Institut Catholique und von La Fourvière, Jean Daniélou, vom Institut Catholique in Paris und Henri Bouillard SJ (1908–1981) von La Fourvière, aber auch Hans Urs von Balthasar und Hugo Rahner gerieten aufgrund ihrer 1942 begonnenen, patristisch ausgerichteten Edition der *Sources Chrétiennes* ins Visier Roms. Dass die genannten Jesuiten aber nicht nur die Patristik als Quelle theologischer Erneuerung begriffen, sondern auch die Geschichte der Theologie insgesamt, zeigte zwei Jahre später die Reihe *Théologie*, in der ab 1944 bahnbrechende Studien wie *Conversion et Grâce chez Saint Thomas d'Aquin* von Bouillard oder *Corpus mysticum. L'Eucha-*

---

[69] Y. Congar, Marie-Dominique Chenu, a. a. O., 102.
[70] É. Fouilloux, Autour d'une mise à l'index, a. a. O., 33.

ristie et l'Eglise au Moyen-Âge und Surnaturel. Études Historiques von de Lubac publiziert wurden.

Schienen diese beiden Editionsprojekte der Jesuiten in den Augen Roms die Autorität des Hl. Thomas noch – in das Gewand historischer Erforschung des Plurals altkirchlicher Theologien gehüllt – eher ,indirekt' untergraben zu wollen, so überspannte ein *Les Orientations Présentes de la Pensée Religieuse* überschriebener Artikel Daniélous von Anfang 1946 den Bogen endgültig: er wurde in Rom als „Manifest dieser Neuen Theologie"[71] angesehen, wie Garrigou-Lagrange am 17. Juli desselben Jahres an Michel Labourdette OP (1908–1990) schreibt, der als Professor am Institut Catholique in Toulouse und am Generalstudium in Saint-Maximin eine Art „Vorposten"[72] römischer Theologie in Frankreich darstellte. Diesen in Rom längst gängigen Begriff der ,Nouvelle théologie'[73] griff dann auch Papst Pius XII. auf, der am 17. September und am 22. September 1946 in zwei an die Generalkongregation der Jesuiten und das Generalkapitel der Dominikaner gerichteten Grußadressen erstmals öffentlich deutliche Warnungen in Richtung beider Orden aussprach.

Nach diesen päpstlichen Warnschüssen entwickelten sich – ausgehend von einer Ende 1946 in *Angelicum* veröffentlichten Polemik von Garrigou-Lagrange – zwei Debatten von hoher Signifikanz für die spätere Veröffentlichung der Enzyklika *Humani Generis*. Unter dem Titel *La Nouvelle Théologie où va-t-elle?* beantwortete Garrigou-Lagrange in diesem „wenig sachlichen"[74] Artikel, der nicht nur einzelne Zitate sinnentstellend aus ihrem Zusammenhang

---

[71] Zit. nach É. Fouilloux, Une Église en quête de liberté, a. a.O., 283.
[72] W. Müller, Was kann an der Theologie neu sein?, a.a.O., 101.
[73] AAS 38 (1946), 385.

riss, sondern sich auch auf Literatur anonymer Herkunft stützte, die selbstgestellte Frage nach der Marschrichtung der ‚Nouvelle théologie' auf lapidare Weise: „Sie kehrt zurück zum Modernismus"[75]. Auf diese hauptsächlich gegen de Lubac und Bouillard, aber auch Blondel, Teilhard de Chardin, Chenu und Daniélou gerichteten pauschalen Attacken Garrigou-Lagranges antwortete Bruno de Solages (1895–1984), der Rektor des Institut Catholique von Toulouse, mit einer auf das Thomasfest 1947 datierten Stellungnahme, auf die Garrigou-Lagrange seinerseits in *Angelicum* mit dem Artikel *Verité et Immutabilité du Dogme* reagierte. Unter der Überschrift *Pour l'Honneur de la Théologie* zog de Solages einen Vergleich zum 13. Jahrhundert, in dem Siger von Brabant einen extremen und Thomas von Aquin einen moderaten Aristotelismus vertreten, während sich andere Theologen solchen ‚inauditae novitates' total verweigert hätten – und er schloss mit feiner Ironie: „Garrigou-Lagrange befindet sich, so leid es mir tut, im Lager derjenigen, die den hl. Thomas verurteilt hätten."[76]

Parallel dazu entwickelte sich zwischen Dominikanern von Saint-Maximin, dem Generalstudium der Toulouser Ordensprovinz, und Jesuiten von Fourvière eine zweite Debatte, deren Ausgangspunkt ein unter dem Titel *La Théologie et ses Sources. Fermes Propos* in der *Revue Thomiste* publizierter Aufsatz des französischen ‚Römers' Labour-

74 Ch. Frey, Mysterium der Kirche, Öffnung zur Welt. Zwei Aspekte der Erneuerung französischer katholischer Theologie, Göttingen 1969, 58.
75 R. Garrigou-Lagrange, La nouvelle théologie où va-t-elle?, in: *Angelicum* 23 (1946), 126–145, hier 143.
76 B. de Solages, Pour l'honneur de la Théologie. Les contre-sens du R. P. Garrigou-Lagrange, in: BLE 2 (1947), 65–84, hier 84.

dette war. Michel Labourdette, der mit diesem Artikel – wenn auch in modererer Tonlage – in dasselbe Horn wie Garrigou-Lagrange stieß, weitete darin den Kreis der gefährlicher Neuerungen verdächtigen Theologen auf Hans Urs von Balthasar und Gaston Fessard aus. Erst diese beiden Angriffe des *Angelicum* und der *Revue Thomiste* brachten die Jesuiten von Fourvière – die miteinander bisher lediglich die Herausgabe von *Sources Chrétiennes* und *Théologie* verantworteten – dazu, nun ihrerseits erstmals als Gruppe zu diesen Vorwürfen in einer gemeinsamen Antwort Stellung zu nehmen: *La Théologie et ses Sources. Réponse aux Etudes Critiques de la ‚Revue Thomiste'*. Hervorragend dokumentiert ist diese zweite Debatte in einem von Saint-Maximin 1947 unter dem Titel *Dialogue Théologique* herausgegebenen Bändchen, in dem sich auch eine zuvor unveröffentlichte, *De la Critique en Théologie* überschiebende, abermalige Replik von Labourdette findet.

Diese seit 1946 zwischen ‚französischer' und ‚römischer' Theologie ausgetragene Debatte, die zeitweise eher einer theologiepolitischen Schlammschlacht als einem wissenschaftlichen Diskurs auf akademischem Niveau glich, kulminierte schließlich in der Enzyklika *Humani generis*, die sich ihrem Untertitel nach gegen „einige falsche Meinungen" wandte, welche „die Fundamente der katholischen Lehre zu unterminieren" drohten. Im unmittelbaren Vorfeld ihres Erscheinens am 12. August 1950 waren in La Fourvière die Professoren de Lubac und Bouillard – Daniélou und Fessard in Paris waren in geringerem Maß betroffen, die Dominikaner von Le Saulchoir eher indirekt – abgesetzt worden.

Mit Blick auf diese disziplinarischen Maßnahmen stellt sich abschließend im Anschluss an Hugo Rahner die

Frage, ob es tatsächlich so etwas wie eine ‚Nouvelle théologie‘[77] im Sinne einer theologischen Schule mit einheitlichem Lehrgebäude gab und wenn ja, ob die in *Humani generis* erhobenen Vorwürfe auf sie überhaupt zutrafen. Wenn es eine solche Schule je wirklich ‚gegeben‘ hat, dann nur als sprachliches Produkt eines Diskurses, der nach dem Jahr 1942 begann und der unter dem Dach der ‚Nouvelle théologie‘ durchaus unterschiedliche Lehrer der Theologie zweier verschiedener Schulen französischer Ordenstheologie versammelte, die untereinander eher locker über die gemeinsame Doppelbewegung einer gleichzeitigen „Rückkehr zu den Quellen und [...] Öffnung für die [...] Welt"[78] verbunden waren.

Trotz dieser internen Differenz einer mindestens zweifach formierten ‚Nouvelle théologie‘ hängen die Probleme der Jahre 1942, 1950 – und später auch 1954 – eng zusammen, sahen sich doch die Dominikaner von Le Saulchoir wie auch die Jesuiten von La Fourvière, die miteinander nicht nur auf dem Feld theologischer Publizistik in engem Kontakt standen, vor dem Konzil gleichermaßen mit Anschuldigungen einer Schule römischer Theologie konfrontiert, gegenüber der sie eine von ihren Quellen her erneuerte „Theologie des 20. Jahrhunderts"[79] vertraten. Anfang des Jahres 1947 – von welchem Yves Congar behauptete, wer dessen Aufbruchstimmung nicht miterlebt hätte, der habe „einen der schönsten Augenblicke im Leben der Kirche"[80] ver-

---

77 Vgl. H. Rahner, Hemmschuh des Fortschritts? Zur Enzyklia „Human Genesis", in: StdZ 147 (1959), 161–171.

78 R. Aubert, zit. nach. R. Gibellini, Handbuch der Theologie im 20. Jahrhundert, Regensburg 1995, 165.

79 É. Fouilloux, Une Église en quête de liberté, a. a.O., 251.

80 Y. Congar, Chrétiens en dialogue. Contributions catholiques à l'œcuménisme (Unam Sanctam 50), Paris 1964, XLIII.

passt – beispielsweise führte Bruno de Solages namhafte Theologen beider Orden zu einer informellen Arbeitsgruppe zusammen, um gemeinsam ein neues Handbuch der theologischen Traktate zu entwerfen, das im Gegensatz zu den im Umlauf befindlichen „weniger spekulativ und wahrhaft traditionell"[81] sein sollte: „Die einen wie die anderen waren wir durch die Anschuldigung ‚théologie nouvelle' disqualifiziert, gemäß einem Attribut, das in einer ziemlich erbärmlichen Literatur grassierte. Heute denke ich sehr gerne an die brüderliche Atmosphäre zwischen unseren Equipes zurück. […] Wir sind beide zur selben Zeit kompromittiert worden, man hat uns demselben Verfahren unterzogen einem Verfahren, das zur Enzyklika Humani generis führte. […] Es geschah ein wenig früher, dass Msgr. de Solages […] mich zu einer Arbeitstagung zur Erneuerung der Theologie eingeladen hatte. Es befanden sich dort außerdem unter anderem de Lubac, Teilhard de Chardin und Congar. Ich erinnere mich […] an eine Sitzung, in der ich über die ersten Spuren eines eschatologischen Gespürs, das heißt […] eines Dynamismus der Hoffnung sprach, die ich – nicht bei den großen Theologen, sondern bei den kleinen Christen im Volk Gottes – auftauchen sah, inmitten einer Welt im Aufbruch. Meine Gesprächspartner und ich beobachteten dies mit […] großer Freude. Darüber erschien *Humani generis* und unsere kleine Arbeitsgruppe musste die Türen schließen. […] Diese unerträgliche Atmosphäre nahm uns die Luft zum Atmen."[82]

---

[81] H. de Lubac, Mémoire sur l'occasion de mes écrits, Namur 1989, 144.
[82] M.-D. Chenu / J. Duquesne, Un théologien en liberté, a. a. O., 130f.

Das Drama der Arbeiterpriester
Oder: McCarthy in der Kirche?

Mit Jacques Loew OP (1908–1999), der 1941 als Mitglied der Equipe *Economie et Humanisme* um Louis-Joseph Lebret OP (1897–1966) in den Docks des Hafens von Marseille zu arbeiten begann, startete mitten im Zweiten Weltkrieg das französische Experiment der Arbeiterpriester, die als ,Priester ohne Talar' in ihren Werften, Fabriken und Kohlegruben nicht selten eng mit Kommunisten kooperierten – und denen Chenu von Beginn an als theologischer Berater zur Seite stand: „Die Bewegung der Arbeiterpriester ist das wichtigste religiöse Ereignis seit der Französischen Revolution."[83] Aufgrund dieser großen Nähe kam Chenu schnell in den gefährlichen Ruf eines „Krypto-Marxisten"[84], für den er im Jahr 1954 – dem Jahr der Heiligsprechung Pius X. – schließlich mit einem „zweiten Keulenschlag"[85] büßte. Im Zusammenhang mit den einschneidenden Maßnahmen Roms zum Abbruch des Experiments der Arbeiterpriester traf auch ihn der Bann jenes „kirchlichen MacCarthyismus"[86], mit welchem der Kalte Krieg während der frostigen Spätphase des Pontifikats Pius' XII. auf die Kirche zugriff.

Im Zuge einer „großen Säuberung"[87] innerhalb des Ordens wurde Chenu mit sofortiger Wirkung von Paris nach Rouen versetzt, die beiden Professoren Féret und Congar mussten das Institut Catholique in Paris bzw. Le Saulchoir

---

[83] M.-D. Chenu, zit. nach F. Leprieur, Quand Rome condamne. Dominicains et prêtres-ouvriers, Paris 1989, 765.

[84] M.-D. Chenu / J. Duquesne, Un théologien en liberté, a.a.O., 61.

[85] M.-D. Chenu, zit. nach. R. Gibellini, Handbuch der Theologie im 20. Jahrhundert, a.a.O., 194.

[86] P. Pierrard, Une siècle de l'Église de France. 1900–2000, Paris 2000, 151.

[87] F. Leprieur, Quand Rome condamne, a. a.O., 77.

verlassen, die drei Provinziale der französischen Ordens-
provinzen wurden ihrer Ämter enthoben und alle Predigerbrüder dieser Provinzen kollektiv unter Ausreisesperre
und römische Vorzensur gestellt. Diesen in der Geschichte des Ordens „einmaligen Vorgang"[88] kommentierte
François Mauriac in *Le Figaro* mit drastischen Worten:„Der
gesamte vorwärtsdrängende Flügel der Kirche in Frankreich ist hart getroffen […] Wer die Söhne Lacordaires in
Frankreich anrührt […], der könnte genauso gut eine
unserer Kathedralen in die Luft sprengen."[89]

Kopernikanische Wende
Oder: eine Theologie der Befreiung?

Die weitere Geschichte von Chenu und Le Saulchoir sei im
Folgenden in zeitlicher Raffung noch kurz berichtet. Der
inzwischen 59jährige Chenu konnte erst 1962 endgültig
nach Paris zurückkehren – im gleichen Jahr also, in welchem in Rom das Zweite Vatikanische Konzil begann. Als
unter Pius XII. in Ungnade gefallener Theologe war Chenu
allerdings gezwungen, die Bühne des Konzils auf dem
„Umweg über Afrika"[90] zu betreten, als persönlicher Berater seines Schülers Claude Rolland, des Bischofs von Ant-
sirabé auf Madagaskar. Obwohl er auf dem Konzil weitgehend hinter den Kulissen agieren musste, tragen *Ad omnes homines* und *Gaudium et spes*, die am 20. Oktober 1962

---

[88] U. Engel, Bürgerliche Priester – proletarische Priester. Ein Lehrstück aus der
Konfliktgeschichte zwischen Kirche und Arbeiterschaft, in: *Orientierung* 57
(1993), 125–128, hier 126.

[89] Zit. nach F. Leprieur, Quand Rome condamne, a. a. O., 661.

[90] M. Heimbach-Steins, „Erschütterung durch das Ereignis" (M.-D. Chenu). Die
Entdeckung der Geschichte als Ort des Glaubens und der Theologie, in: G.
Fuchs/A. Lienkamp (Hrsg.), Visionen des Konzils: 30 Jahre Pastoralkonstitution
„Die Kirche in der Welt von heute", Münster 1997, 103–121, hier 107.

verkündete *Botschaft des Konzils an die Welt* und die am 6. Dezember 1965 verabschiedete *Pastorale Konstitution über die Kirche in der Welt von heute*, dennoch unübersehbar seine Handschrift. Beide durch und durch ‚französischen' Texte markieren nicht nur als jeweils erstes und letztes von den Konzilsvätern beschlossenes Dokument formal Anfang und Ende des Konzils, sondern thematisieren und vollziehen in Buchstabe und Geist auch material dessen kopernikanische Wende zur Welt, gemäß der Freude und Hoffnung, Trauer und Angst der Menschen von heute jene Zeichen der Zeit markieren, die es im Licht des Evangeliums zu deuten gilt: „Nicht mehr die Welt dreht sich um die Kirche, […] sondern die Kirche dreht sich um die Welt."[91]

In den folgenden Jahrzehnten nach dem Konzil trat Chenu vom Pariser Kloster Saint-Jacques aus, wohin ab 1971 neben den beiden – im Jahr 1974 geschlossenen – Fakultäten von Le Saulchoir und auch deren berühmte Bibliothek verlegt wurde, vehement für die Nachhaltigkeit des konziliaren Aufbruchs ein. Als Vater einer „Theologie der Befreiung in Europa"[92] begleitete Chenu in der Folgezeit unter anderem im Redaktionskomitee der internationalen Zeitschrift *Concilium* mit besonderer Sympathie die Entstehung der Theologie der Befreiung in Lateinamerika, eines besonders lebhaften Kindes des Konzils, zu des-

---

91 M.-D. Chenu, Ein prophetisches Konzil, in: E. Klinger / K. Wittstadt (Hrsg,), Glaube im Prozeß. Christsein nach dem II. Vatikanum (FS Karl Rahner), Freiburg / Br. 1984, 16–21, hier 17.
92 Vgl. L. Kaufmann, Ansätze einer Theologie der Befreiung in Europa? M.-D. Chenu (1895–1990), eine notwendige Erinnerung an französische Impulse, in: H. Ludwig / W. Schroeder, Sozial- und Linkskatholizismus. Erinnerung – Orientierung – Befreiung, Frankfurt / M. 1990, 261–284.

sen geistigen ‚Großvätern'[93]er zu rechnen ist. Die post-konziliaren ‚Dispositive der Macht'[94] brachten es mit sich, dass Chenu nie offiziell rehabilitiert wurde, geschweige denn wie andere Protagonisten der ‚Nouvelle théologie' – in Würdigung seiner theologischen Lebensleistung den Kardinalspurpur erhielt – zu eindeutig verkörperte er unter ihnen die „schärfste Herausforderung"[95] für römische Theologie vor und nach dem Konzil. Am 11. Februar 1990 starb Chenu, in seinen letzten Lebensjahren fast völlig erblindet, im Alter von 95 Jahren in Saint-Jacques in Paris.

Mystère théandrique
Oder: eine Erinnerung an die Zukunft

Mit *Une Ecole de Théologie: Le Saulchoir* schlug Chenu eine theologische Brücke zwischen den Zeiten, die für die Weite seines zwischen Mittelalter und Moderne aufgespannten Denkens insgesamt exemplarisch ist. Diese ungeheure Spannweite von ‚Geschichtsbewusstsein und Zeitgenossenschaft'[96] führte in den Jahren 1942 und 1954 nicht nur zu den beiden Maßregelungen wegen *geschichtsbewusster* Theologie bzw. *zeitgenössischer* Pastoral, sondern auch – aufgrund seiner doppelten Präsenz im Archiv theologischer Diskurse des 13. Jahrhunderts und

---

[93] G. Gutierrez OP im Gespräch zu R. Morelon OP (mündliche Auskunft vom 10. April 2003).

[94] Vgl. G. Deleuze, Was ist ein Dispositiv?, in: F. Ewald / B. Waldenfels (Hrsg.), Spiele der Wahrheit. Michel Foucaults Denken, Frankfurt/M. 1991, 153–162.

[95] H.-J. Sander, ‚Die Zeichen der Zeit erforschen...' – Die Bedeutung französischer Theologie für das Zweite Vatikanische Konzil, in: U. Franke-Hesse / G. Kruip (Hrsg.), Kirchliches Leben und Theologie in Frankreich, Odenthal-Altenberg 1997, 25–48, hier 33.

[96] M. Heimbach-Steins, „Erschütterung durch das Ereignis" (M.-D. Chenu). Die Entdeckung der Geschichte als Ort des Glaubens und der Theologie, a. a. O., 109.

im Feld pastoraler Praktiken des 20. Jahrhunderts – bei
manchen Zeitgenossen zum Eindruck einer gespaltenen
Theologenpersönlichkeit:

„Es gibt anscheinend zwei Chenu. Der eine ist ein alter
Mediävist nicht ohne Reputation [...]. Und dann gibt es
noch einen anderen Chenu, der junggeblieben und
quicklebendig mitten im Gewühl der modernen Welt
steht [...]. Es gibt [aber] nur einen einzigen Chenu [...],
weil er sich der Gnade einer Theologie verdankt, deren
oberstes Gebot es ist, eine einzige zu sein, spekulativ und
praktisch zugleich [...], Wort Gottes mitten in der Welt,
[...] wo der Geist heute [...] sowohl individuell wie kollektiv das Werk der Inkarnation fortsetzt und verwirklicht.
Die Kirche ‚en acte‘, der mystische Körper Christi in der
Geschichte, ist – sowohl als Institution als auch in ihren
Charismen – ein Ort der Theologie [...]."[97]

Die kreative Differenz von Theologie und Pastoral in Geschichte und Gesellschaft wurde im Gesamt des Denkens
von Chenu also in produktiver Spannung gehalten durch
das ‚Mystère théandrique‘[98] des Christentums selbst, dessen chalzedonensische Grammatik sich an den ‚Lieux
théologiques en acte‘ als die entscheidende Pointe der
Theologie von Chenu erschließt. Die ungetrennte Peri-
chorese und unvermischte Diastase von Gott und Mensch
in Christus ermöglichten es ihm, mit seiner ‚Theologie der
Inkarnation‘[99] überkommene Dichotomien von Natur und
Gnade, Kirche und Welt, Mystik und Politik zu überwinden,

---

97 M.-D. Chenu, Regard sur cinquante ans de vie réligieuse, in: L'Hommage différé au père Chenu, a.a.O., 259–268, hier 259f.
98 M.-D. Chenu, Une école de théologie: Le Saulchoir, a. a.O., 137.
99 Vgl. C. Geffré, Théologie de l'incarnation et théologie des signes du temps chez
le Père Chenu, in: Le Centre d'études du Saulchoir (Hrsg.), Marie-Dominique
Chenu: Moyen-Âge et Modernité, a. a.O., 131–153. 5

indem er Dogma und Geschichte auf idiomenkommuni-
kative Weise zusammendenkt: aufgrund von Gottes ‚in-
carnatio continua' in der Welt hat alle Geschichte *dogmatischen* Sinn und jedes Dogma *geschichtliche* Bedeutung.
Allein schon dieser Einsicht wegen muss M.-Dominique
Chenu als ein veritabler Kirchenvater der Moderne gelten,
auf dessen Verurteilungen von 1942 und 1954 spätere Generationen möglicherweise ähnlich blicken werden wie
auf diejenigen des Thomas von Aquin in den Jahren 1252
und 1277: Le Saulchoir und Chenu waren nicht weniger
als ein ‚Saint-Jacques' und ein ‚Hl. Thomas' des 20. Jahrhunderts. Dabei stellt *Une Ecole de Théologie: Le Saulchoir*,
Chenus an Seiten dünne, aber an Folgen schwere Programmschrift von Le Saulchoir, nicht nur einen gewichtigen Meilenstein der Genealogie der Theologie im 20.
Jahrhundert dar, sondern verkörpert auch in den Differenzen des neuen Jahrhunderts noch eine Erinnerung an
die Zukunft der Theologie. Man kann dieses Buch nicht
aus der Hand legen, ohne dabei die Frage nach den Orten
von Gottes *gegenwärtiger* Präsenz unter den Zeichen
heutiger Zeit zu stellen.

M.-Dominique Chenu

Le Saulchoir. Eine Schule der Theologie

Aus dem Französischen von Michael Lauble

Vorwort

Diese Notizen waren eigentlich nicht zur Veröffentlichung bestimmt. Als wir sie für den Druck durchsahen, haben wir uns dazu entschlossen, ihnen ihre ursprüngliche Form und jenen Charakter privater Reflexion zu belassen, der eine voreilige Verallgemeinerung ihrer Aussagen verbietet. Eine Gruppe von Theologen empfindet das Bedürfnis, sich ihrer Arbeitsmethoden und ihrer geistiggeistlichen Ziele zu vergewissern – mehr nicht. Und dazu gehört neben dem starken Gefühl, dass man von einer lieb gewordenen Tradition getragen ist, eben auch ein sehr waches Gespür dafür, dass jede Arbeit im Rahmen dieser Tradition relativen Charakter hat.

Wir würden es für reichlich unpassend halten, wollten wir eine begrenzte Erfahrung, die ja von Anfang an nicht nur eine Spezialisierung in der Arbeit auf dem weiten Feld der Theologie und der Philosophie darstellt, sondern auch bestimmte methodologische Optionen innerhalb der Theologie und der Philosophie selbst einschließt, für allgemein gültig und umfassend erklären. *Non omnia possumus omnes.* Als der Predigerorden 1907 seine *ratio studiorum* einführte und sie ganz bewusst für die Erneuerung der höheren Studien öffnete, sah er vor, dass sich seine *studia generalia* oder Fakultäten in der geeigneten Weise spezialisieren sollten. Mehr noch als dieser legislative Text war und ist der bewundernswerte Erfolg des *studium generale* von Jerusalem mit seiner École biblique ein durchschlagendes Argument und ein hervorragendes Beispiel. Wir glauben, dass sich die Arbeitsteilung im Hochschulrahmen auf der sicheren Grundlage einer breiten Allgemeinbildung mehr und mehr als unverzichtbar erweist. Ein religiöser Orden mit seiner Organisation ist leichter als andere Körperschaften in der Lage, diese sinnvolle Aufteilung der Kräfte und Erfordernisse zu vollziehen – nicht zuletzt zum Nutzen seiner eigenen geistigen und institutionellen Einheit. In diesem Sinne hat Le Saulchoir seinen Vorstoß gemacht, in diesem Sinne stellt es der Öffentlichkeit seinen Versuch vor.

Dafür musste natürlich einer aus dem Kreis von Le Saulchoir die Verantwortung übernehmen. Er tut dies ganz ausdrücklich, damit man die Lücken und Schwächen seiner persönlichen Reflexion nicht der Institution anlaste, in der er groß geworden ist. Er bekennt jedoch ganz offen, dass er alles jenen Männern verdankt, die in Le Saulchoir seine Lehrer waren und ihn sowohl in die Lehre des heiligen Thomas wie auch in das dominikanische Leben eingeführt haben: P. Gardeil († 1931), P. Lemonnyer († 1932), P. Mandonnet († 1936). Unter ihrer hohen Schutzherrschaft wagt er es, diese Notizen zu veröffentlichen – auch als Zeugnis seiner Dankbarkeit gegenüber Lehrern und älteren Mitbrüdern, deren Namen hier zu nennen ihm die Diskretion verbietet, weil er noch in ihrer Gemeinschaft leben darf.

1. Von Saint-Jacques nach Le Saulchoir

Die akademische Lehre bei den Predigerbrüdern

Zwei Züge ihrer frühesten Geschichte galten den Predigerbrüdern immer als besonders wichtig für ihre Bestimmung, ihre Verfassung und ihren Geist: Die ersten Fratres errichten ihre Klöster in den Universitätsstädten, und Dominikus gibt ihnen, indem er sie dorthin entsendet, den Auftrag, regelmäßig die Lehrveranstaltungen in den entstehenden Universitäten zu besuchen, wo sie bald zu den offiziell bestellten Magistri gehören.

Gewiss gehörte das Studium zur authentischsten monastischen Tradition, man merkt aber schnell, dass es hier in einer neuen Form organisiert ist, und der Kontext lässt noch einmal deutlicher hervortreten, wie eigenständig das Studium innerhalb der sich entwickelnden Institutionen ist. Die Klosterschulen hatten zu den schönsten geistigen Früchten des Feudalismus gehört, in dem sich die Kirche eingerichtet hatte; sie hatten von seiner Stabilität, seinem Reichtum, seinen Hierarchien, seiner kulturellen Bedeutung profitiert: Die Abtei war drei, vier Jahrhunderte lang der intellektuelle Brennpunkt der Zivilisation. Doch genau diese enge Verbindung belastete die Schulen zusehends mit dem Konservatismus einer Institution, die allmählich den Kontakt mit der neuen Zeit verlor.

Dank eines gewaltigen Wirtschaftsaufschwungs außerhalb des überholten Domänenwesens bilden sich die städtischen Ballungszentren, in denen eine Elite behutsam oder mit Gewalt die für ihre Arbeit, ihren Wohlstand, ihre Freiheit und ihre Kultur erforderlichen „Freiheiten" erringt. Im Herzen dieser städtischen Macht und im Umkreis der Kathedrale, die sie symbolisiert, blühen die „bischöflichen" Domschulen auf, bevölkert von neuen Generationen, deren drängende Wissbegier nicht mehr von monastischer Disziplin eingeengt wird. Schon allein die geographische Ortsverlagerung bezeugt diesen geistigen Transfer, in dem die soziale und politische Emanzipation der Kommunen ihre Wirkungen entfaltet: Den Berufsständen entspricht auf intellektueller Ebene die „Universität", die *universitas magistrorum et scolarium*. Auch sie ist um Unabhängigkeit bemüht, auch sie ist nach dem System freier innerer Verwaltung aufgebaut, auch sie ist von Initiativgeist und Fortschrittswillen beseelt und von Wetteifer geprägt.

Aristoteles gelangt genau zum richtigen Zeitpunkt in dieses Milieu, das begierig aufsaugt, was er an Neuem bringt. Die intellektuelle Emanzipation geht einher mit der sozialen Emanzipation. Das ist der Stoff, aus dem das große Zeitalter der mittelalterlichen Christenheit gemacht ist.

Nun ist man aber nicht intellektuell bereit für neue Wahrheiten, wenn man sozial und institutionell in sich abgekapselt bleibt. Selbst die stärksten Persönlichkeiten können sich über dieses kollektive Hindernis nicht hinwegsetzen. Bei den Prediger- wie bei den Minderbrüdern bildete die Institution in ihrem Ursprung, in ihrer Anhängerschaft, mit ihrem Wahlsystem, mit ihrem Streben, kurz gesagt: in ihrer ganzen außergewöhnlichen Neuartigkeit innerhalb des Ordensstandes, genau das richtige Milieu, in dem der soziale, kulturelle, spirituelle Gärungsprozess zur Erfüllung und zugleich zu schöner Ausgewogenheit fand. Prediger- und Minderbrüder gliederten sich sozusagen aus natürlicher Neigung in die universitäre Bewegung ein. Diese perfekte Übereinstimmung erklärt ihren Einfluss und zeugt zugleich von dem bewundernswerten Urteilsvermögen des heiligen Dominikus. Als Thomas von Aquin, ein großer Feudalherr, auf sein väterliches Erbe verzichtete und der Abtei Montecassino den Rücken kehrte, brach er damit auch mit einem überholten System und gewann neben der Freiheit zu seiner eigenen religiösen Berufung auch die institutionelle Freiheit für seine Mitbrüder und die Freiheit für seine künftige intellektuelle Leistung.

So nennt der Predigerorden von seinen Anfängen an ein

klar konturiertes Schulsystem sein Eigen; in ihm besitzt er ein wesentliches Mittel zur Erreichung seiner Ziele, genauer gesagt: seines einzigen, zweifachen Ziels: der kontemplativen Erkenntnis der geoffenbarten Wahrheit und der apostolischen Verkündigung: *praedicantes et docentes ex abundantia et plenitudine contemplationis* (*Constitutiones Ord. Praed.*, Kap. I, Art. 3). Diese Struktur schwebt den Dominikanern im Übrigen von Anfang an vor, und so organisieren sie ihre einzelnen Bestandteile mit einer Konzentration und Tatkraft, von der die frühesten Konstitutionen (1228) Zeugnis ablegen. Es soll keinen Konvent ohne „Prior" und ohne „Dozenten" geben. Darüber hinaus werden größere theologische Lehrzentren aufgebaut: *studia solemnia* in jeder Provinz, in denen die Lektoren (Dozenten) der Klöster ausgebildet werden, und *studia generalia*, die eigentlichen universitären Organe dieser theologischen Körperschaft. Universitär sind sie auf Grund der Qualität ihrer Ausstattung und ihres Lehrpersonals, universitär sind sie auf Grund ihrer offiziellen Zulassung zur *universitas magistrorum*, universitär sind sie auf Grund des öffentlichen Charakters ihrer Lehre. Öffentlich sind übrigens – einem Recht zufolge, auf das die Predigerbrüder niemals verzichtet haben – auch die Klosterschulen selbst. Die *studia generalia* stellen also echte Fakultäten dar, administrativ, intellektuell und religiös voll und ganz in jener großartigen Schöpfung der Christenheit des 13. Jahrhunderts verwurzelt, deren Bild die uniforme und zentralisierte Universität napoleonischen Typs dann praktisch ausgelöscht hat.

Das Lehrpersonal bestand aus „Lektoren", wie man damals sagte (und noch heute in England sagt), denn das Studium vollzog sich in allen Fächern auf der Grundlage der „Lektüre" und Erklärung von Texten der *auctores*, wie sie durch Gewohnheit und Studienordnungen vorgegeben waren. *Legere* bedeutet in der Sprache des Mittelalters also lehren, und in der Universität heißt es lehren auf Grund eines kanonischen Mandats, das die *licentia docendi* verlieh. Ein „Lektor" ist, modern ausgedrückt, ein „Dozent". Der Orden hat die mittelalterliche Bezeichnung in dieser Bedeutung immer beibehalten.

Jede „Schule" wurde von einem Regens geleitet, der mit intellektueller und administrativer Weisungsbefugnis gegenüber seinen Studenten ausgestattet war und von seinen Bakkalaurei unterstützt wurde. Ernennung und Vollmachten dieser Magistri wurden durch das Universitätsrecht geregelt, wobei es einige spezielle Anordnungen für die Ordensleute gab; die Bedingungen dafür entwickelten sich natürlich mit dem Universitätsrecht selbst. Bis heute hat sich ein ursprüngliches Element daraus in den Konstitutionen des Ordens erhalten: der „Magister in Theologie". Dieser Titel wird dem Professor verliehen, der nach mindestens sieben Jahren der Lehr- und Publikationstätigkeit erfolgreich eine nahezu enzyklopädische Prüfung in Theologie abgelegt und danach noch einmal sechs Jahre gelehrt hat. Das Generalkapitel von Venlo (1913) und im Anschluss daran die Konstitutionen verlangen als Qualifikation die Veröffentlichung einer im echten Sinne wissenschaftlichen Arbeit. Ein bezeichnendes Detail: Der Magister der Theologie ist praktisch an der Leitung des Ordens beteiligt und von Rechts wegen Mitglied der Räte und der wählenden Körperschaften.

Seit 1229 besaßen die Prediger in Paris eine Magisterschule, zu der 1230 ein zweiter offizieller Lehrstuhl hinzukam, sodass der Konvent Saint-Jacques mit zwei theologischen Kollegien ausgestattet war. Bald nach 1230 verfügten die Dominikaner auch in Oxford über eine Klosterschule, die Teil der im Aufbau begriffenen Universität war. 1248 wurden, neben Saint-Jacques in Paris mit seinem ganz besonderen Prestige, die *studia* in Oxford, Köln, Bologna und Montpellier offiziell als Fakultäten anerkannt. Wir nennen sie theologische Fakultäten, weil die theologischen Studien in diesen *studia* der einzige offizielle und öffentliche Zyklus waren. Doch schon um die Mitte des 13. Jahrhunderts gesellten sich Privatschulen für Logik und freie Künste, Schulen für Philosophie, Physik und Metaphysik, Schulen für Moral und Politik dazu – ganz zu schweigen von den Sprachschulen für Arabisch und Hebräisch. Tatsächlich hatte ja mit dem Bekanntwerden des Aristoteles die gesamte rationale Ordnung des Wissens Gestalt gewonnen und als Naturwissenschaft und Geisteswissenschaft einen Platz in der „christlichen Philosophie" erhalten. Albertus Magnus und Thomas von Aquin, beide Magistri am Pariser Kolleg, hatten inmitten großer geistiger Schwierigkeiten jene „Läuterung" des Peripatetikers vollzogen, die der Glaube einem ganz auf diese Welt beschränkten Denken abverlangte. Ganz allmählich machte sich das Schulrecht die Auswirkungen dieser philosophischen Revolution zu Eigen. Gerade die Prediger gehörten als theologische Fachleute zu den Ersten, die sich bewusst machten, welch wertvolles Handwerkszeug die von der Ratio regierten Disziplinen der *doctrina sacra* zur Verfügung stellten: Wenn die Theologie eine Wissenschaft ist, wenn der Glaube sich in Vernunft inkarniert und gerade dadurch seine kontemplative Dimension erweitert, dann lässt sich darauf in religiösem Interesse, aber ohne Beeinträchtigung ihrer rationalen Beschaffenheit

eine philosophische Bildung aufbauen. Das vertrauens-
voll-freundschaftliche Verhältnis zum heiligen Thomas,
das die Magistri in den Artes an der Universität von Paris
pflegten, ist ein Symbol für diese neue geistige Ausgewogenheit, die zum unvergänglichen Erbe der Predigerbrüder gehört.

Die *studia generalia*, die Universitätsstudien also, folgten
in ihrer Entwicklung in der Regel der Geschichte der Universitäten, und sogar da, wo der neue Geist im 16. Jahrhundert zu Verwerfungen führte, ist das Schulsystem im
Großen und Ganzen gemeinsamer Besitz geblieben.
Beredtester Beleg für diesen Konsens ist, dass mehrere
Universitäten in der Blütezeit ihres Aufbaus und ihrer
Erweiterung im Lauf des 14. und 15. Jahrhunderts dringend darum ersuchten, als theologische Fakultät das Do-
minikanerkolleg zu bekommen. Gern erinnern wir daran,
neben weiteren typischen Fakten, dass nach 1433 in Löwen ein *studium generale* eingerichtet und 1447 der jungen Universität eingegliedert wurde. Im 15. Jahrhundert
reagierte der Orden in seinem Schulrecht durch Konzentration und Dezentralisierung auf die extremen Schwierigkeiten einer religiös und sozial bewegten Zeit. Nach
lebhaftem Hin und Her mündete dies auf dem Generalkapitel von Salamanca (1551) in die offiziellen Ratifizierung
von 27 *studia generalia* bzw. Universitäten des Ordens. Die
spanischen Provinzen waren hervorragend vertreten; damit wurden die großen Verluste in Folge der Reformation
in deutschen Landen in etwa ausgeglichen. Die neu ge-
schaffenen Provinzen in Westindien und in Ostasien
haben durch die Gründung von fünf *studia generalia* in
Südamerika und in Manila den Reichtum an Einrichtungen noch vermehrt. Magister Fabri (1583–1591) hat da-

mals die *ratio studiorum* für diese Universitäten festgelegt; darin wurde folgender Rahmen vorgegeben: zwei Jahre Logik, drei Jahre Philosophie, vier Jahre Theologie. Im 17. Jahrhundert hat allem Anschein nach weder die Philosophie noch die neue (Natur-) Wissenschaft das althergebrachte Statut dieses Lehrbetriebs verändert oder auch nur betroffen; das gilt übrigens für die Universitäten nicht weniger als für die *studia* der Dominikaner. Hier die alte Sorbonne – dort das Collège de France. Auch die protestantischen Universitäten in Deutschland sind bekanntlich pädagogisch und intellektuell der „Scholastik" (vom Schlage des Francisco Suárez) verbunden geblieben. Auf dem eigentlich religiösen Gebiet hingegen öffnete sich das Schulsystem der Predigerbrüder dem aktuellen Fortschritt, und ihre rechtliche Ordnung legt Zeugnis für das lebhafte Gespür ab, das man damals für die nicht nur durch die Reformation, sondern auch durch die neu belebte Kenntnis der christlichen Antike hervorgerufenen Probleme besaß. Der wissenschaftstheoretische Konflikt zwischen den „Positiven" und den „Scholastikern", die unselige Wirkung dessen, was durch das Studium der Quellen des Glaubens eigentlich eine Bereicherung hätte sein sollen, ist in den Beratungen des Ordens immer wieder zum Thema geworden. Das Generalkapitel von Bologna griff die Weisungen des berühmten Magisters Antonin Cloche (1706) auf und schrieb die theologische Methode und die wissenschaftliche Ausrichtung des Ordens gegen einen dekadenten „Scholastizismus" folgendermaßen fest: „Es ist eine allbekannte Tatsache, dass unsere Brüder und insbesondere die Lektoren der Theologie sich über die Maßen mit dornigen, aber mehr noch ganz nutzlosen scholastischen Quaestiones befassen. Dies verführt sie dazu, völlig oder doch nahezu völlig das so dringend nötige Studium der Heiligen Schrift, der Kanones, der Konzilien und der Väter, der Kirchengeschichte und der aktuellen Auseinandersetzungen mit den Häretikern zu vernachlässigen. Auf diese Weise entfernen sie sich mit Sicherheit von jenem Weg, den der heilige Thomas beschritten hat. Daher schärfen wir die Weisung des Kapitels von Bologna aufs neue ein. Es hat vorgeschrieben, die scholastischen Quaestiones seien künftig in der gebührenden Kürze, Klarheit und Ordnung zu behandeln, so dass es möglich wird, den wichtigsten Kontroversen um die Heilige Schrift oder die Kirchengeschichte, kurz: um die positive Theologie, den ihnen zukommenden Platz einzuräumen."

Die Französische Revolution hatte für die Lehrtätigkeit der Orden ähnlich fatale Folgen wie für die alte Universität selbst. Als dann unter P. Lacordaire der Dominikanerorden in Frankreich wiederhergestellt wurde und in der ganzen Welt neu zu Kräften kam, erlebten die *studia generalia* und Universitäten eine nach Verhältnissen und Milieu sehr unterschiedliche Reform, sofern sie nicht ihre Routine in der toten Hülle ihrer einstigen Herrlichkeit fortsetzten. In Rom schwang Minerva die Fackel und erfreute sich in der Person der Patres Zigliara und Lepidi der besonderen Gunst Leos XIII., dessen Enzyklika *Aeterni Patris* von 1879 dem Hl. Thomas die Schutzherrschaft über die gesamte Lehre der Kirche verlieh. Das Collegium Angelicum konnte dieses Erbe im Jahre 1910 ausbauen und festigen, als es zur Zentraluniversität des ganzen Ordens wurde. Die zunehmende Zentralisierung der Kirche im 19. Jahrhundert hatte natürlich Auswirkungen bis in die Organisation des Lehrbetriebs hinein, und die einstigen *studia generalia* von Paris (Saint-Jacques wie auch die Sorbonne selbst) hatten ihre Jahrhunderte alte theologische Vorrangstellung verloren. Andererseits entstanden und arbeiteten die theologischen Hochschulen und Fakultäten in dieser neuen Welt zumeist ausschließlich außerhalb der Universitäten, die säkularisiert und verstaatlicht worden waren, nachdem sie ihre körperschaftliche Freiheit aus dem Mittelalter verloren hatten. Und so wurde leider auch die Theologie zu ihrem Nachteil und zum Schaden für die anderen Disziplinen aus dem Gebäude menschlichen Wissens ausgegliedert. Ein äußeres Zeichen dieses „Exils" ist die geographische Lage der neu eingerichteten *studia generalia* von Frankreich, England und Holland, die in isolierten, weit von den universitären Zentren entfernten Klöstern ihren Sitz erhielten, so dass das Generalkapitel von Avila (1895) auf diese Situation, die der Urtradition des Ordens widersprach, reagieren musste. Andererseits lassen sich auf dem offenen Arbeitsfeld, im Hochschulbetrieb, wie man heute sagt, neben zahlreichen individuellen Beteiligungen an kirchlichen und weltlichen Einrichtungen Gründungen beobachten wie etwa die der theologischen Fakultät der Universität von Freiburg i. Ue. (1890) oder Entwicklungen wie die der Universität von Manila. Der schlagendste Beweis für die intellektuelle und theologische Vitalität des Ordens ist jedoch fraglos das *studium generale* des Klosters vom heiligen Stephanus in Jerusalem (1890), das eine *École biblique* (und eine 1922 von der französischen Regierung errichtete *École française d'archéologie*) umfasst. Diese Gründung war ein großer Erfolg, und zwar sowohl dank der wissenschaftlichen Qualität ihrer Veröffentlichungen als auch ihres Charakters als Einrichtung für Spezialstudien, die aus allen modernen Methoden und Disziplinen schöpfen konnte und sich damit als hilfreich für die Theologie erwies.

Genau dieses Problem der Spezialisierung hat sich übrigens mit der Erneuerung der spekulativen wie der historischen Methoden seit der Wiederherstellung des Ordens in dessen *ratio studiorum* immer deutlicher bemerkbar gemacht. Schon 1871 versuchte man in der französischen Provinz (und zwar auf dem Provinzialkapitel von Flavigny), ein an den sechs Jahre dauernden philosophisch-theologischen Zyklus sich anschließendes zweijähriges Spezialstudium einzurichten. 1898 forderte das Generalkapitel von Vienne die Provinzen auf, junge Lektoren auf die Ordenshochschulen oder die weltlichen Universitäten zu schicken, und das Kapitel von Viterbo (1908) hat diesen Punkt nachhaltig neu geregelt:

„Im Zuge einer Einteilung, die zum einen der Natur der Sache und zum anderen ihren begrüßenswerten Resultaten in den modernen Universitäten Rechnung trägt, wird der Unterricht in zwei Zyklen gegliedert. Deren erster ist den Grundstudien gewidmet und dauert sieben Jahre und muss unterschiedslos von allen absolviert werden. Der zweite Zyklus soll mindestens zwei Jahre dauern und hat die Spezialausbildung der jungen Professoren durch das vertiefte Studium eines philosophischen oder theologischen Spezialthemas zum Ziel" (A. Gardeil in seinem Kommentar zur 1907 erlassenen *ratio studiorum*).

Dieser Aufbauzyklus, der allen offen steht, die ihr Grundstudium mit der Prüfung als Lektor der Theologie abgeschlossen haben, umfasst vier große wissenschaftliche Richtungen, die man wahlweise einschlagen kann: Philosophie und Naturwissenschaften; biblische Studien und orientalische Sprachen; historische Wissenschaften; kanonisches Recht sowie Rechts- und Sozialwissenschaften. Die *studia generalia* bzw. Fakultäten werden aufgefordert, neben ihrem normalen Zyklus die eine oder andere dieser Spezialabteilungen aufzubauen. Die École biblique in Jerusalem wird ausdrücklich als Beispiel für diese Gattung genannt. 1913 hat das Generalkapitel von Venlo, leider ergebnislos, die Gründung auch eines historischen Instituts gefordert.

Es ist uns ein Vergnügen, hervorheben zu können, wie weitsichtig die akademischen Lehrer (insbesondere Lagrange, Gardeil und von Loë) bei der Erarbeitung dieser Studienordnung verfuhren. Zu dem Zeitpunkt, als sich in den weltlichen Universitäten das Problem stellte, auch freiere, persönlicher geprägte und weniger verzweckte Arbeiten in dem ein wenig engen und doktrinären Rahmen der „Fakultäten" zuzulassen, zu dem Zeitpunkt auch, als in der Kirche der fruchtbare Gebrauch der kritischen Methoden unter erheblichen Krisen in die theologischen Disziplinen Eingang fand, haben sie es verstanden, ein ausgewogenes Verhältnis zwischen Grundausbildung und Spezialarbeiten, zwischen Verpflichtung zur Lehre und innovativer Forschung zu wahren und zudem diesen Spezialstudien einen organisch sich ins Ganze einfügenden Status und eine hohe wissenschaftliche Inspiration zu geben. Leider haben es die Generalkapitel nicht gewagt, von jedem zur Lehrtätigkeit Bestimmten diese auf das Lektorat folgenden Jahre der Spezialisierung zu verlangen (wie es doch die *ratio studiorum* von Rechts wegen verfügte); immerhin haben ihre nachdrücklichen Aufrufe in der Schule der Dominikaner eine Öffnung hin zur wissenschaftlichen Forschung, zur freien und nicht verzweckten Arbeit bewirkt, die seither in allen Bereichen, nicht nur in der Theologie, den notwendigen Antrieb jedes Hochschulunterrichts bildet.

Genau dies ist das Charakteristikum der neuen *ratio studiorum*, die Pius XI. in seiner Konstitution *Deus scientiarum Dominus* (1931) erlassen hat: eben jene Ausrichtung auf die *persönliche, wissenschaftliche* Arbeit, die dem Hochschulstudium über seine schulische Funktion hinaus verordnet wird. Auch der Orden des heiligen Dominikus, der bis dahin in seiner Gesetzgebung autonom gewesen war, schloss sich diesem neuen Programm vorbehaltlos an, das von nun an für alle Universitäten der Kirche verbindlich war, erblickt er doch in ihm eine rechtliche Stütze für die geplante Entwicklung seines Hochschulunterrichts (Statut von 1935, promulgiert durch P. Gillet).

So umfasst das Doktorat jetzt zunächst ein Jahr der Spezialisierung und der persönlichen wissenschaftlichen Arbeit, gefolgt von der Präsentation einer grundsätzlich publikationswürdigen These; damit wird praktisch unsere Studienordnung bestätigt, die ja einerseits eine Lektorats-„These" (Generalkapitel von Gent, 1901) und andererseits ein zweijähriges Spezialstudium vorsah. Die päpstliche Konstitution unterscheidet neben den obligatorischen und allgemein verbindlichen Gegenständen Spezialthemen, aus denen jede Universität je nach ihrem Gutdünken auswählen und in denen sie eine je eigene Lehrtätigkeit in den Fakultäten angegliederten „Sektionen" aufbauen kann. So erhält denn auch die durch die *ratio studiorum* von 1907 (siehe oben) eröffnete Perspektive – die leider fast überall wirkungslos geblieben war – ihre Realisierungschance. Die „praktischen Übungen" (Seminare) schließlich, in denen die neue Konstitution eine dem persönlichen Forschungsstreben und der wissenschaftlichen Bildung angepasste pädagogische Maßnahme sieht und die in den Kommissionen und in der Praxis des Ordens Gegenstand zahlreicher Beratungen waren, sind präzise ausgedrückt, obligatorische Bestandteile der Vorbereitung auf die akademischen Grade geworden. Die Übernahme der Konstitution *Deus scientiarum Dominus* hat zu wichtigen Veränderungen in der Studienordnung des Ordens geführt. Die alte Aufteilung in *studia provincialia* und *studia generalia* (Universitätsstudien) wird überlagert von den „Fakultäten", die von nun an als einzige universitär sind; die *studia generalia* behalten zwar ihr Eigenrecht und sehen sich in diesem durch die Konstitutionen des Heiligen Stuhls gestärkt, führen aber lediglich zum Lektorat in Theologie, das immer noch für die Lehrtätigkeit notwendig, aber nicht zureichend ist, zumindest nicht für eine Lehrbefugnis in Philosophie, Theologie, Heiliger Schrift und Kirchenrecht; die mit der Approbation des Heiligen Stuhls errichteten und seiner Gesetzgebung unterstellten Fakultäten verleihen das Doktorat in den verschiedenen Fächern. Die erste Auswirkung dieser Organisation besteht darin, dass die Zahl der universitären *studia* schrumpft (das war schon der Wunsch des Kapitels von Venlo, 1913); sie allein können kraft öffentlichen Rechts die akademischen Grade verleihen, während die *studia generalia* (neuen Stils) mit ihrer Organisation und mit ihrer Vollmacht zur Verleihung des Lektorats privatrechtliche Einrichtungen des Ordens bleiben. Somit hat die alte Bezeichnung „Lektor", das mittelalterliche Wort für den mit der *licentia docendi* ausgestatteten Professor, seine kanonische Bedeutung verloren und beinhaltet zwar noch Ansehen und Prärogativen, die der

Lizentiat nicht hat, ist aber nicht mehr das Äquivalent zum Titel „Doktor". Die Doktorate sind übrigens je nach Fakultäten verschieden, während das Lektorat ein streng theologischer Titel ist, weshalb der Orden es auch, seiner Tradition getreu, vor jedem Doktorat oder akademischen Sondergrad als Voraussetzung verlangt. Daher ist es keineswegs bloß ehrwürdiges Überbleibsel einer entschwundenen Vergangenheit, vielmehr behält es sein Prestige nicht nur im Unterrichtswesen, sondern auch in der internen Leitung des Ordens.

So entsteht im Großen und Ganzen eine glückliche Balance zwischen der inneren Struktur des Ordens, in der sich sein intellektuelles Leben ausdrückt, und dem mit der Konstitution *Deus scientiarum Dominus* eingeführten Universitätssystem. Dank des neuen Rechts kommt es aber auch zu einer glücklichen Balance zwischen der traditionellen Pädagogik der „Fakultäten" und den Erfordernissen der Forschung in einer Zeit erneuerter wissenschaftlicher Methoden. Die Neugestaltung der Ordenseinrichtungen sichert den Vollzug dieses schönen Programms und garantiert gleichzeitig mit den ursprünglichen, wichtigen Graden des Lektors und des Magisters in Theologie, dass es authentisch dominikanisch bleibt.

Das „studium generale" von Paris

„O Parisius, quam idoneus es ad capiendas et decipiendas animas!" So warnt Petrus Cellensis (1164) einen seiner Mönche vor der Verführungskraft der Pariser Schulen und vor ihrer maßlos willkürlichen intellektuellen Neugier, die im Gegensatz zu jener „Schule Christi" – dem Kloster – stehe, „ubi plus vita confert quam lectio".

Die Verführungskünste von Paris! Als Dominikus seine apostolische und klösterliche Position beziehen musste, bestand seine erste Maßnahme darin, seine Söhne nach Paris zu schicken, in jenes Paris mit seiner Universität, dessen Neugier seit Petrus Cellensis nur noch brennender geworden war, so wie im Rhythmus der neuen Gesellschaft auch seine schulischen Einrichtungen wuchsen. Als er 1217 die Beschränkungen des Albigenser-Apostolats abwirft und die Prediger an die vier Enden der Christenheit entsendet, ordnet er sechs von sechzehn seiner Mitbrüder nach Paris ab, „um dort zu studieren, zu predigen und einen Konvent zu errichten"; die Leitung soll Matthias von Frankreich haben, ein „gebildeter und zur Lehre befähigter Mann". Als Dominikus 1219 selbst dorthin kommt, findet er die Brüder auf der Montagne Sainte-Geneviève in der Nähe der Porte d'Orléans vor; dort haben sie sich bei der Kirche Saint-Jacques eingerichtet, die Magister Johannes, Dekan von Saint-Quentin und Regens an der theologischen Fakultät, und die „Universitas der Magistri und Schüler" ihnen überlassen haben. Ein bezeichnender Zug: Es ist die Universitätskörperschaft, die diese Neuankömmlinge mit solcher Großzügigkeit empfängt und ihnen das von der Kommune übereignete Gelände schenkt, mit der Auflage, den Begräbnisplatz für die Magistri zu stellen und regelmäßig für die Studenten zu predigen. Magister Johannes wird ihr erster Professor.

Die Neuankömmlinge üben von Beginn an eine außerordentliche Anziehung auf ihre Umgebung aus. In dieser providentiellen Erfahrung ereignet sich jene Begegnung zwischen der heranwachsenden Generation und der dominikanischen Religiosität, in der das Streben der jungen Menschen an sein Ziel und ihre Lebenskraft zu voller

Blüte gelangt. 1224 schreibt Jordan von Sachsen, der Nachfolger des heiligen Dominikus:

„Ich war, Dank sei Gott dafür, mit meiner Predigt an der Universität recht erfolgreich: Vom Advent bis Ostern sind rund vierzig Novizen in den Orden eingetreten, unter ihnen mehrere sehr gebildete Magistri; und wir sind hoffnungsfroh."

Und 1226 notiert er:

„Seit meiner Ankunft in Paris sind allein in einem Zeitraum von vier Wochen 21 Novizen eingetreten, sechs von ihnen waren Magistri in den Artes, die anderen Bakkalaurei (heute würden wir sagen: Lehrbauftragte) von Gelehrsamkeit und guter Eignung für das Predigeramt."

Es lässt sich unschwer erraten, welche alltäglichen Beziehungen sich zwischen dem Konvent und der Universität ergaben und wie eng der Austausch zwischen den Magistri und Studenten und ihren einstigen, jetzt ins Kloster eingetretenen Gefährten gewesen sein muss. So bildet sich ein geistiger Ort heraus, an dem sich dann schließlich in all dem Hin und Her einer in voller Entfaltung begriffenen Kultur das christliche Denken in griechischer Vernunft und arabischer Wissenschaft verleiblichen kann, nach drei – vergeblichen – Versuchen innerhalb von zwanzig Jahren, dies durch Dekrete zu unterbinden. Eine Theologie, die sich mit einer Rolle als „purgierte Ausgabe" der Philosophie und der Wissenschaft hätte begnügen müssen, wie manche Leute es damals (1231) anstrebten, hatte mit ihrem willfährigen Kleinmut von vornherein keine Chance; die junge Mannschaft von Saint-Jacques trug bereits die intellektuelle und religiöse Kühnheit eines Albertus Magnus und eines Thomas von Aquin in sich. Der Universitätsstreik der Jahre 1229–1231 lieferte eine unvorhergesehene Gelegenheit, das zarte Pflänzchen der Gründung zu festigen und ihm seine Autonomie zu verschaffen: Während die Professoren Paris verließen, blieb der Magristri Johannes von Saint-Gilles und verlegte seinen Lehrstuhl ins Kloster der Predigerbrüder, die ja ihrerseits keinen Grund hatten, ihre Arbeit zu unterbrechen. Bruder Roland von Cremona, ehemals Magister in den Artes an der Universität von Bologna, assistierte ihm als Bakkalaureus, erhielt aber bald selbst die *licentia docendi* und die Stelle als Regens des *studium*. Johannes von Saint-Gilles aber, der ins freie Leben zurückgekehrt war, wurde eines Tages selbst vom dominikanischen Geist angesteckt, nahm den Habit und richtete seinen Lehrstuhl erneut in Saint-Jacques ein, das so, dank günstiger Umstände, über zwei theologische Schulen verfügte, die beide Teil der Universität waren. Die eine wurde zum Lehrstuhl der französischen Provinz, die andere blieb den auswärtigen Provinzen vorbehalten.

Das war nicht nur der lokale Erfolg eines Klosters; es war die faktische Krönung und die juristische Anerkennung einer Ordnung des Hochschulunterrichts im ganzen Orden überhaupt: Konventsschulen, Provinzschulen und universitäre Schulen (*studia generalia*) fanden in der Folgezeit in Paris intellektuell und institutionell ihren Schlussstein, denn die Universität von Paris war damals und im gesamten weiteren Jahrhundert die einzige Lehrerin in Theologie und Philosophie, deren Autorität und Diplome weltweit Geltung hatten. Das war etwas ganz Neues in der Christenheit und wohl auch in der Kulturgeschichte: diese Hierarchie von untereinander in Verbindung stehenden Schulen mit ihrem einheitlichen, abgestuften Programm, mit dem regelmäßigen Austausch des Lehrpersonals, mit ihren Bildungszentren, echten Hochschulen, die die verschiedenen Ränge der Institution unablässig beschickten und schließlich mit der Hochschule Saint-Jacques als Gipfel. Begreiflich, dass die Kirche, damals die einzige Initiatorin von Unterricht überhaupt, einem solchen Organismus selbst unter schwierigsten Verhältnissen außerordentliches Vertrauen entgegengebracht und ihm im Laufe der Jahrhunderte in seinem Schulrecht freie Hand gelassen hat.[1] Und verständlich auch, dass eine lehrinhaltliche oder methodologische Stellungnahme in Saint-Jacques in der ganzen Kirche einen mächtigen Impuls auslösen und gleichzeitig die Aufmerksamkeit auf die neuen Errungenschaften des Geistes lenken konnte.

Wie jugendlich eine Institution ist, lässt sich daran abmessen, welche Risiken sie eingeht; in diesem Sinne können wir daran erinnern, dass es noch vor den kühnen Unternehmungen eines Albert und Thomas zu dem großen Zwischenfall von 1241 kam (*Chartularium Universitatis Parisiensis*, Ed. H. Denifle, I, S. 170), bei dem sich Lektoren von Saint-Jacques kurzzeitig kompromittiert sahen, weil sie verführerische, aber wenig abgeklärte Denkströmungen übernommen hatten, die dann vom Bischof von Paris und anderen Magistri unterbunden wurden.

Es bedarf wohl nicht erst einer ausführlichen Darstellung von Person, Lehre und Werk des Albertus Magnus (in Saint-Jacques um 1242–1248) und des Thomas von Aquin (1252–1259, 1269–1272), wenn die Rolle von Saint-Jacques, dem Zentrum ihrer Tätigkeit, wenn nicht sogar ihres gesamten Lehrens, in der Geschichte der Theologie

---

[1] Während Ende des 12. Jahrhunderts trotz der Bemühungen der Päpste und Konzilien auf dem Gebiet des heutigen Frankreich lediglich fünf Theologieschulen existierten, gab es Ende des 13. Jahrhunderts bereits deren mehr als achtzig.

und der christlichen Kultur deutlich werden soll. Es ging ja damals nicht nur um das Aufkommen des Aristoteles, das einige neugierige spekulative Köpfe ermöglichten, sondern, viel tiefer und noch über Aristoteles hinaus, um die Rolle der menschlichen Vernunft in der Christenheit. Um ein solches Unternehmen zu einem guten Ende zu führen, bedurfte es – nicht nur in diesen beiden hervorragenden Persönlichkeiten, sondern auch in dem ganzen Milieu, das ihre Inspiration speiste und ihre Arbeit bestimmte – der organischen Ausgewogenheit eines kontemplativen Lebens und der Verfügbarkeit, die dieses Leben dem Geist in seiner intellektuellen Ausstattung verleiht. Albert und Thomas fanden in Saint-Jacques, wenn auch gegen Widerstände, die Albert unnachsichtig anprangerte, den Boden, in dem ihr Denken Wurzeln schlagen konnte, ja, sie fanden die spirituelle Atmosphäre, ohne die selbst das Genie nicht bestehen kann. Dass die intellektuelle Revolution der beiden Lehrmeister gelingen konnte, ist der kategorischen, unerschrockenen Unterstützung durch eine Equipe zu verdanken, die beide für sich gewonnen hatten.

Der Predigerorden hat sich mit dem heiligen Thomas identifiziert, trug er doch von Anfang an dessen Geist und Ideale in sich. Als kurz nach Thomas' Tod die Attacken, denen er zu seinen Lebzeiten ausgesetzt gewesen war, ihn offiziell trafen und die kumulative Verurteilung von 1277 (*Chartularium Universitatis Parisiensis*, Ed. H. Denifle, I, S. 543) auch auf seine Lehre zielte, da bezog der Orden öffentlich Stellung und verteidigte damit nicht nur einen der Seinen, sondern auch sein eigenes, der Lehre des heiligen Thomas verpflichtetes Leben. Die thomistische „Schule" fand damals zu ihrer wahren Größe.

So schwer diese Konflikte um den Aristotelismus auch waren, sie dürfen uns nicht zu falschen Vorstellungen von der Arbeit in Saint-Jacques verleiten. Es sei nur an eine der größten Leistungen des Jahrhunderts erinnert: die Revision des Bibeltextes, das so genannte „Korrektorium von Saint-Jacques", das sowohl dem Orden als auch der Universität von Paris einen maßgebenden Text der Heiligen Schrift lieferte. Zur selben Zeit machten sich die Brüder daran, unter dem Einfluss Hugos von Saint-Cher, einst Regens und dann Provinzialoberer, eine Wortkonkordanz der Bibel zu erstellen; es war die Erste ihrer Art. Dies sind wichtige und allzu oft vergessene Zeugnisse für die theologische Methode der damaligen Zeit, in der das *fachmännische* Studium der Heiligen Schrift die Basis für die heilige Lehre bildete und den ersten Rang sowohl in der Wertschätzung der Studenten als auch in der Studienordnung einnahm. Diese Lektion hat noch heute ihre Gültigkeit.

Die Verurteilung von 1277 bedeutete für Saint-Jacques den Beginn einer langen polemischen und exegetischen Anstrengung, deren Ziel es war, zunächst die Lehre des Meisters zu erforschen und sich zu Eigen zu machen, um sie sodann gegen jenen Schlag verteidigen zu können. Dass Thomas 1323 kanonisiert wurde, war der Lohn für dieses Bemühen, das in seiner Gelehrsamkeit von hoher Qualität zeugt und in dessen Verlauf die thomistische Schule Gestalt annahm. Zuerst schaffen und dann bewahren – das ist das Schicksal der Philosophien und Theologien.

Wir werden noch sehen, dass dies nicht ohne Misslichkeiten geschieht, einstweilen wollen wir festhalten, welche spirituellen Werte und welche doktrinelle Sicherheit die „Schule" ganzen Generationen inmitten des sich abzeichnenden Verfalls geschenkt hat: Für die große Mehr-

heit der Menschen war sie der selbstverständliche Ort
ihres geistigen Erwachens und geistigen Fortschritts.
Während diese soziale Verortung des Wissens für den Phi-
losophen ein heikles Problem darstellt, ist sie für den
Theologen völlig legitim, hat dieser doch zum Objekt eine
„Vor-Gabe", die ihm durch eine Tradition vermittelt wird,
die selbst wieder bis in die spekulativsten theologischen
Optionen hinein das Vehikel grundlegender religiöser
Erfahrungen ist.

Saint-Jacques wurde für mehr als zwei Jahrhunderte das
lebendigste Zentrum der thomistischen Theologie, bis
schließlich die Kontroverse, die sich im Gefolge der Renaissance und der Reformation im Gnadenstreit konzen-
triert hatte, in den spanischen Universitäten und den römischen Schulen besonders dramatisch zum Ausbruch
kam. Der Widerstand der „Jakobiner", der Brüder von
Saint-Jacques, richtete sich vor allem gegen die nominali-
stische Theologie, deren ideologischer Formalismus, Halb-
agnostizismus und religiöser Extrinsezismus, von keiner
hohen mystischen Inspiration geschützt, den in der am
Evangelium orientierten Vorstellung von Gnade, Rechtfertigung und Wirksamkeit der Sakramente implizierten
übernatürlichen Realismus ruinierten. Dieser eigenartige
Komplex aus exzessivem Augustinismus und unbewus-
stem Pelagianismus war das erste einer ganzen Reihe von
spirituellen und zugleich theologischen Experimenten, in
denen die Kirche den Preis für die Ausgewogenheit der
thomistischen Theologie von Natur und Gnade sah.

Und auch noch in einer anderen Frage bezogen die Predigerbrüder Stellung: Im Zuge der durch die erwachenden
Nationalismen und durch die schmerzlichen Verwerfungen in der Kirche entstandenen Konflikte nahm die konzi-

liare Theorie Gestalt an; in ihr erkannten und bekämpften die Dominikaner eine religiös und institutionell falsche Konzeption von Kirche. Es ist bekannt, wie sehr sie – auch materiell – wegen dieser Verteidigung des Heiligen Stuhls zu leiden hatten. Zu erwähnen sind ferner die Konflikte mit der skotistischen Schule um zentrale Punkte unterschiedlicher Spiritualitäten und Anthropologien. Johannes Capreolus († 1444), bis zu seinem Weggang nach Toulouse Magister in Saint-Jacques, repräsentiert aufs Trefflichste diese Dominikanergenerationen: Den Titel „princeps thomistarum" hat er ebendeshalb erhalten.

Aus diesem Abschnitt der Geschichte von Saint-Jacques können wir die leidvolle, aber auch bezeichnende Episode um Johannes de Montesono aus Aragón nicht verschweigen. Er war Inhaber der Lehrstuhls für die Auswärtigen. Seine Lehre kollidierte heftig mit den von der Universität eingenommenen Positionen, besonders was die Unbefleckte Empfängnis anging; ungeachtet einiger Kautelen stellte die Universität die theologische Autorität des heiligen Thomas in Frage, und der Orden solidarisierte sich mit Johannes de Montesono. Die Dominikaner, die sich außerdem noch mit dem triumphierenden Nominalismus (Peter von Ailly) herumschlugen, sahen sich 15 Jahre lang aus der Universität ausgeschlossen – eine „beklagenswerte Verstümmelung", wie Gerson später gestehen sollte.

Auf die Hochblüte des Ordens folgte eine Zeit der Erschlaffung. Soweit es darum ging, starke ursprüngliche Einsichten auszuarbeiten und sie konstruktiv zur Geltung zu bringen, gaben die guten Schüler mit ihrem überkommenen Kapital auch dessen innere Treibkraft weiter. Doch als neue kulturelle, literarische, ästhetische, ideologische oder religiöse Komplexe das Klima und die Techniken ihrer Umwelt veränderten, vermochte die Theologie nicht immer für jene menschliche und christliche „Präsenz" zu sorgen, die im Licht des Glaubens der rationalen theologischen Arbeit die Frische einer *creatio continua* verleiht. Gewiss verfügte sie noch immer über eine beachtliche, ja sogar bewundernswerte Kenntnis ihrer Gegenstände, aber sie öffnete sich nicht mehr den neuen Problemstellungen und dem Fortschritt der Methoden; sie ruhte sich auf den einmal erarbeiteten Schlussfolgerungen aus, ohne zu ihren Anfängen, ihren Prinzipien zurückzukehren, aus deren Reinheit sie die Kraft zu echter „Zeitgenossenschaft" hätte beziehen können.

Als im letzten Drittel des 15. Jahrhunderts das literarische und philosophische Werk der italienischen Humanisten nach Paris gelangte und Ficino mit dem Geschmack an der neuen Kultur auch ein Echo der Florentiner Platon-Begeisterung dorthin brachte, da stand er mit seiner Liebe zur antiken Philosophie Seite an Seite mit den Thomisten gegen die „Modernen", das heißt die Nominalisten. Auf dem Höhepunkt dieser Renaissance hielt einer ihrer aktivsten Vertreter, Josse Clichtove, am 7. März 1512 in Saint-Jacques die Laudatio auf Thomas von Aquin, in der er die Affinität der Schüler des Faber Stapulensis zu dem großen mittelalterlichen Lehrer hervorhob und die zeitgenössische Sophistik scharf angriff. Die Scholastik – und vor allem die thomistische Scholastik – stand am Scheideweg.

Eine der stärksten Stützen der Humanisten in ihrer Auseinandersetzung mit den verknöcherten Leuten von der Sorbonne war Guillaume Petit (1502 zum Doktor promoviert), Konventsmitglied von Saint-Jacques, dem seine

Aufgaben als Inquisitor und Beichtvater des Königs einen großen Ansehensvorschuss verschafften, als Franz I. die neue Kultur unter seinen Schutz nahm. Er weckte und förderte die Arbeit an der Edition der Kirchenväter, mit der Faber Stapulensis und seine Schüler die Quellen der Theologie neu zur Geltung bringen wollten; gegen allerlei Verdächtigungen hielt er seine Hand über die Herausgabe der Werke des Origenes, durch die die Probleme um die Schriftinterpretation akut wurden; er setzte sich persönlich für die Entdeckung der noch nicht edierten Autoren des Mittelalters ein; er nahm Stellung gegen die brutal beschränkte Einstellung seines Mitbruders Hoogstraeten in der Affäre Reuchlin; und schließlich wagte er es, gegenüber Franz I. die Reform des Lehrbetriebs an der Universität zu vertreten und dem König vorzuschlagen, er solle Erasmus nach Paris einladen.

Es hat freilich nicht den Anschein, dass Saint-Jacques als Ganzes, das mit seinen 200 Studenten nach innen alle Hände voll zu tun hatte und außerdem in Opposition zu dem an der Universität herrschenden Gallikanismus stand, von der Weitsicht eines Guillaume Petit profitiert oder wirklich Anteil an den neuen Hoffnungen und der neuen Begeisterung genommen hätte. Vorfälle wie der des P. Meygret (1515 zum Sententiar, 1520 zum Doktor promoviert), der teuer dafür bezahlen musste, dass er in der berechtigten Sorge um die Erneuerung des darniederliegenden Studiums der Heiligen Schrift etwas vom lutherischen Gedankengut aufgenommen hatte, vermehrten die Verwirrung und spielten den blindwütigsten Reaktionären in die Hände. Der Fall Cajetans, der ebenfalls für die neuen Problem offen war, aber von der Sorbonne verurteilt wurde, ist nicht minder vielsagend. Die spirituell

Eingestellten waren der dekadenten und so wenig am Evangelium orientierten Theologie überdrüssig und suchten, auch bei den Predigerbrüdern, anderswo Nahrung für ihr inneres, geistliches Leben.

Während einiger Jahre jedoch konnte Petrus Crockaert, ein vom Nominalismus Konvertierter (1505 Sententiar, als Lehrer tätig bis 1514), Saint-Jacques wieder Prestige verschaffen. Sein Schüler Francisco de Vitoria trug den neu erwachten Eifer nach Salamanca.

Auf philosophischem Gebiet lasteten die Schultraditionen noch schwerer, da es ihnen an jenem religiösen Impuls mangelte, der in der Theologie wenigstens für die innere Erleuchtung sorgt. In ihrer Frontstellung gegen die Nominalisten lehnten die „Jakobiner" unterschiedslos mit deren Philosophie auch die wissenschaftlichen Theorien ab, die im Begriff waren, die Physik zu revolutionieren. Als im darauf folgenden Jahrhundert die Fortschritte der Mechanik die Methoden der „Naturphilosophie" veränderten und nicht nur im experimentellen, sondern auch im geistigen Bereich die alte, in den mittelalterlichen Kommentaren geronnene Wissenschaft allenthalben überrollten, da gehörte Saint-Jacques zu denen, die sich – vergebens – bemühten, die neuen Physiker sogar theologisch im Namen des Aristoteles zu verwerfen. Das bedeutete für lange Zeit den Abschied von der Bühne nicht nur der Wissenschaft, sondern auch der Philosophie. Descartes und seine Epigonen scheinen in Saint-Jacques ansonsten keine große Neugier geweckt zu haben.

Sichtbar entfaltete sich die Aktivität des Konvents dagegen in den theologischen Kontroversen zwischen Molinismus und Jansenismus. Wir brauchen hier nur die Namen Jean Nicolaï (vierzig Jahre lang Professor und

Regens, † 1673), Goudin († 1695, Verfasser des bis ins
20. Jahrhundert in Gebrauch gebliebenen Handbuchs für
Philosophie und, was weniger bekannt ist, Freund von
Richard Simon) zu erwähnen, um Saint-Jacques in der
Geschichte der Theologie zu situieren und zugleich eine
wichtige Nuance innerhalb des Thomismus gegenüber
der rigiden Gruppe der Spanier und gegenüber der
„bañezianischen" Orthodoxie von Generalmagister Cloche zu markieren. Noël Alexandre († 1724) steht für die
Thomistengeneration, die durch die Bulle *Unigenitus* in
Schrecken versetzt worden war; besser gesagt, er repräsentiert jene Lehrer, die es verstanden, das, was seither
„scholastische" (lies: spekulative) Theologie heißt, mit der
Kenntnis der Quellen des Glaubens und der Kirchengeschichte zu verbinden. Wir haben gesehen, dass sich der
Orden durch seine offiziellen Direktiven zum Unterrichts-
betrieb in diesen positiven Studien engagierte; zwar hat
Saint-Jacques darin nicht die berühmten Lehrer von
Saint-Honoré, des zweiten Pariser Klosters, Goar, Combe-
fis, Lequien oder Échard, erreicht, aber immerhin einen
achtbaren Rang eingenommen.
Dies war denn auch seine letzte glorreiche Etappe. Das
18. Jahrhundert war in Saint-Jacques wie anderswo eine
dunkle Epoche unter dem Anschein äußeren Glanzes:
Man lebte von der Vergangenheit. Von der Philosophie
brauchen wir gar nicht erst zu reden; selbst in der Theologie gab es, abgesehen von einigen schwachen Verteidi-
gungsreflexen, keine scharf blickende Reaktion auf den
religiösen, philosophischen und historischen Rationalismus. Als die Revolution das Jahrhunderte alte Kloster
stürmte, verfielen die Mauern zu Ruinen; die Ordensleute
aber, die durch den Umsturz vertrieben wurden, galten

ihren Zeitgenossen schon länger sozial und intellektuell als Emigranten.

„Um wirklich Dominikaner zu sein, reicht es nicht aus, dass man die Ordensdisziplin kennt und befolgt; man muss auch in die Wissenschaft eingeführt sein, deren Sachwalter der Orden ist und die er von dem besten Lehrer erhalten hat, den Gott je seiner Kirche schenkte. Die Lehre Thomas von Aquins ist der Lebenssaft, der durch die Adern des Ordens fließt und ihm seine kraftvolle Eigenart erhält. Wer sie nicht gründlich studiert hat, der mag mit dem Herzen Dominikaner sein – mit dem Verstand ist er es nicht. Daher bitten wir Sie, Ehrwürdiger Vater, um die Gunst, drei Jahre in Rom, im Zentrum des Ordens, verbringen zu dürfen, um uns dort in seine Wissenschaftstradition einführen und gleichzeitig vollends nach seinen Sitten formen zu lassen."

So sprach Lacordaire, als er dem Generalmagister des Predigerordens sein Programm zu Wiederherstellung der Dominikaner in Frankreich vorlegte. Die bald darauf erfolgende Planung für den Aufbau eines Studienkonvents in der neuen Provinz vollzog sich also nicht nach dem üblichen anonymen Mechanismus einer Dominikanergründung, sie entsprach vielmehr der religiösen und doktrinellen Klarsicht ihres Erneuerers und trug dessen Handschrift. Im Frankreich des Jahres 1840 war es für die Predigerbrüder keine Kleinigkeit, einen Lehrbetrieb in Theologie aufzubauen und seine Organisation so weit zu entwickeln, dass er auf Grund seiner Geschlossenheit und der Qualität seines Personals offiziell und kanonisch als *studium generale* mit Diplomierungsrecht Anerkennung finden konnte. Ein ziemlich langsames personelles Wachstum, die unumgänglichen langen Fristen für die Ausbildung der Professoren, die Unsicherheit in Bezug auf den Standort des Studienkonvents, die Situation drückendster materieller Schwierigkeiten – das alles erklärt, dass vom ersten Kern, den P. Lacordaire in dem abgelegenen Chalais nahe Grenoble (1844) geschaffen hatte, bis zur rechtlichen Anerkennung des theologischen Kollegs in Saint-Maximin (Var) 18 Jahre vergingen; ein italienischer Ordensmann, P. Quaglia, Magister der Theologie, übernahm die Aufgabe des Regens und verschaffte durch sein Wirken dem *studium generale* die erforderliche intellektuelle und institutionelle Stabilität (1852). Wenn man zudem bedenkt, in welchem Zustand sich das Theologiestudium in Frankreich zur damaligen Zeit befand, dann errät man unschwer, wie wenig das „Milieu" für ein solches Unternehmen günstig war. Und schaut man diese mühseligen und bescheidenen Anfänge an, dann tritt besonders deutlich hervor, mit welcher Geschwindigkeit und Qualität die Dominikanergründungen im 13. Jahrhundert, in einer nicht minder bewegten Zeit, innerhalb von dreißig Jahren die Zahl der theologischen Schulen und Fakultäten in der Christenheit haben wachsen lassen.

Die Gründung der Provinz Toulouse, die ihr Studienhaus in Saint-Maximin behielt, machte den Aufbau eines neuen *studium* für die Provinz Paris notwendig. Dazu wurde 1865 der Konvent in Flavigny (Côte-d'Or) ausersehen. 1868 wurde Flavigny dank der Hilfe der aus Italien herbeigeeilten Patres Magistri Aquilanti und Lepidi offiziell mit den Funktionen und Privilegien eines *studium generale* betraut. P. Lepidi blieb fünf Jahre dort. Der erste von der jungen Fakultät approbierte Lektor der Theologie war P. Beaudouin (Januar 1869), der dann später Regens und ein fähiger Theologe wurde.

Es ist bekannt, welche Prüfungen diese Gründung alsbald heimsuchten: Professoren und Studenten mussten wie die meisten Ordensleute ins Exil gehen. Der Konvent von Corbara (Korslka) nahm sie von 1884 bis 1894 auf; wir erwähnen diesen Zeitabschnitt, weil sich damals unter der Regentschaft von P. Beaudouin (1881–1892) und anschließend von P. Gardeil (1894) die ersten Umrisse wissenschaftlicher Arbeit abzeichneten, die dann nach der Rückkehr nach Flavigny (1895–1903) feste Formen annahm. Man ging damals, so P. Gardeil, „von der Ordnung des Grundstudiums zu einer Ordnung über, die ich Erweiterungsstudium nennen möchte", das heißt zum Studium auf Hochschul- und Universitätsniveau mit dem Schwerpunkt auf der Forschung und der damit verbundenen Methodenspezialisierung. Um diese Wegstrecke richtig einschätzen zu können, brauchen wir nur an die Gründung der Zeitschrift *Revue thomiste* (1893) zu erinnern, die zu jener Zeit ein ziemlich kühnes Unterfangen war: Das innige Verständnis zwischen ihrem Chefredakteur, P. Coconnier, und P. Mandonnet, beide Professoren an der Universität Fribourg (Schweiz), sowie dem Redaktionssekretär P. Gardeil, damals in Paris, und P. Sertillanges stellte den Beginn und später auch den Erfolg des Unternehmens sicher.

Damals kam es in Frankreich und in der ganzen Christenheit zu einer erstaunlichen intellektuellen Blüte, die sich neben der Erneuerung der Arbeitsmethoden auch auf das Bemühen um einen klaren Status des Hochschulunterrichts stützen konnte. So übertrug man die in Frankreichs Universitäten aktuelle Studienreform auf die religiösen Disziplinen. Das hieß insbesondere Einführung der freien Forschung und der nicht zweckgebundenen

Arbeit; sie brachte der Lehre an den Fakultäten, die ja immer durch den Blick auf die Examina, durch Reglementierung und schulische Routine von Abstumpfung bedroht war, den geistigen Schwung und den fachlichen Fortschritt, die ein Lehrbetrieb auf wirklich hochschulgemäßem Niveau braucht. Leo XIII. ermutigte und bestätigte diese Richtung und die mit ihr verbunden Hoffnungen und Programme sowohl im philosophischen als auch im biblischen, historischen und theologischen Bereich, indem er den heiligen Thomas als den genau richtigen Lehrer und Inspirator für ein solch großes Werk herausstellte.

Die Vertreibungen von 1903 unterbrachen das religiöse und intellektuelle Leben in Flavigny ein weiteres Mal. Nach mancher Kehre und Wendung ließ sich das *studium generale* in Le Saulchoir einige Kilometer von Lille, nahe Tournai, nieder (1904); dort nahm die Arbeit einen neuen Anfang – mit einer durch den Widerstand gegen die Isolierung des Exils noch gesteigerten Entschlossenheit. Die neue *ratio studiorum* (1907) verlieh den Anstrengungen des jungen Professorenteams unter Leitung von P. Gardeil, Studienregens von 1894 bis 1911, einen rechtlichen Status. P. Gardeil aber wurde und ist noch immer *der* Lehrmeister dieser theologischen Schule.

Im Zuge dieser Bestrebungen kam es 1907 zur Gründung einer Zeitschrift, die zunächst in den verschiedenen Disziplinen und Methoden der Theologie, dann aber auch auf dem Gebiet der philosophischen Wissenschaften dem Bemühen um Forschung und Neulandgewinnung im Dienst an den Fragestellungen von heute Gestalt verlieh. Die *Revue des sciences philosophiques et théologiques*, deren treibende Kraft P. Jacquin war, sorgte für die Erweiterung jenes Arbeitsfeldes, das ihre ältere Schwester, die *Revue thomiste*, schon seit 15 Jahren beackerte.

Als der Krieg von 1914 den Orden erneut in die Zerstreuung zwang, zählte die Fakultät zehn Professoren und 54 Studenten (darunter neun Nichtdominikaner). Sie war in Verstand und Gemüt der Brüder offensichtlich schon so tief verwurzelt, dass die Arbeit nach dem Krieg ungeachtet seiner Zerstörungen auf derselben Linie und auf demselben Anforderungsniveau wieder einsetzen konnte. Gardeils Schüler P. Lemonnyer, der in einem klar spirituellen Geist und mit hoher fachlicher Kompetenz die Inspiration und das Programm seines Lehrers weiterführte, war damals (1911–1914, 1919–1928) Studienregens. Der rechtliche Rahmen wurde in dieser Zeit fester gefügt, insofern nämlich zu dem traditionellen Recht der Verleihung von Diplomen in Theologie an Studierende von außerhalb des Ordens ausdrücklich auch das Diplomierungsrecht in Philosophie trat (Dekret der Studienkonkgregation vom 25. März 1923 über die *studia generalia* der Dominikaner). Diese Erweiterung entsprach übrigens der Eigenständigkeit, die das Philosophiestudium unlängst in den kirchlichen Universitäten (Paris, 1895; Toulouse, 1899, u.a.m.) gewonnen hatte; dieses Letztere galt jetzt nicht mehr nur als Propädeutik der Theologie, sondern als vollständiger Zyklus mit entsprechender eigener Ausstattung.

Genau in dieser Zeit kam, nach 26 Jahren akademischer Lehre an der Universität in Fribourg, auch P. Mandonnet nach Le Saulchoir und brachte in ungebrochener Leidenschaft alle seine Erfahrung und seine wissenschaftliche Meisterschaft mit. In Le Saulchoir fand er eine Atmosphäre der Offenheit für historische Studien, die sich zum einen (durch Gardeil) zwingend aus der Theologie selbst ergab und zum anderen dem Einfluss der Patres Jacquin und Schaff, beides Schüler von Cauchie in Löwen, zu verdanken war. P. Mandonnet prägte eine ganze Arbeitsrichtung, die fachliches Können und persönliche Forschung zugleich pflegte. Ihr Untersuchungsgegenstand war das abendländische Mittelalter, jenes Milieu, in dem sich in der lateinischen Kirche die katholische Theologie, insbesondere die des heiligen Thomas, herausgebildet hat. Die Anwendung der historischen Methode auf das Thomas-Studium wurde so zu einem der Charakteristika von Le Saulchoir. Schon 1921 approbierte P. Generalmagister Theissling dieses „Institut", weil es dem von der *ratio* vorgesehenen Spezialisierungsprogramm perfekt entsprach. Eine Sammlung von Monographien, die *Bibliothèque thomiste* (heute 23 Bände), war Beweis für seine Aktivität, und etwas später profitierte das bibliographische Organ der Société thomiste, *Le Bulletin thomiste* (1924 ff.), von seiner Existenz. Die kanonische Approbation hat das Mittelalter-Institut durch das Dekret der Studienkongregation vom 29. Juni 1937 erhalten, das in Le Saulchoir eine philosophische und eine theologische Fakultät im Sinne der Konstitution *Deus scientiarum Dominus* errichtete. Heute unterrichten 22 Professoren die 125 Studierenden. Die Anwesenheit von P. Sertillanges (seit 1928), der für die Verbindung zur älteren Generation sorgt, erweist sich als zusätzlicher Ansporn für den jugendlichen Geist der neuen Generation.

Man wird bemerkt haben, dass das *studium generale* seit der Wiederherstellung des Predigerordens in Frankreich immer weit entfernt von den Zentren des universitären Leben gelegen war. Das gilt schon für die Gründung von

Chalais, einem wunderschön in der Einsamkeit der Berge gelegenen Platz, der freilich dem ganz normalen Austausch in der intellektuellen Arbeit wenig förderlich war. Wer sich an die so originellen und neuen Ansätze der ersten Dominikanergründungen im 13. Jahrhundert und an die intellektuellen und apostolischen Positionen erinnert, die sie auf Anhieb im Universitätsbetrieb besetzten, dem erscheint diese einsame Lage der Studienkonvente als Anomalie und als Versagen gegenüber ihren eigenen Prinzipien. Gewiss lassen sich die besorgten Bedenken durch den Druck der äußeren Ereignisse erklären; dieser darf aber nicht die Oberhand gewinnen über eine Tradition, die für die Struktur und den Geist des Ordens des heiligen Dominikus von so vitaler und zentraler Bedeutung ist.

Diese Forderung ist übrigens nicht in Vergessenheit geraten: Schon 1876 schrieb der Generalmagister aus Rom an den Regens von Flavigny:„Ich beglückwünsche Sie zu der ansehnlichen Zahl Ihrer Studenten; aber ich würde Sie noch viel mehr beglückwünschen, wenn Ihr Licht nicht unter dem Scheffel stünde und wenn Sie, statt in der sibirischen Einöde von Flavigny zu unterrichten, ihre Lehrstühle in Reichweite der großen intellektuellen Zentren hätten; Sie hätten dort unendlich viel mehr Verdienste vor Gott und vor den Menschen. Glauben Sie mir, bringen Sie Ihre Lehrstühle zurück an die Place Maubert!"

Und 1895 beschloss das Provinzkapitel von Frankreich, das Studium so bald wie möglich nach Paris zurückzuverlegen. Doch dann kam die Vertreibung von 1903; sie brachte zur Einsamkeit auch noch das Exil, und darüber konnte uns nur die großzügige Aufnahme durch unsere Mitbrüder in Belgien hinwegtrösten.

Aber das Leben sorgt selbst dafür, dass sein Gesetz zur Geltung kommt: In dem Augenblick, als P. Generalmagister Gillet aus Rom die offizielle Approbation von Le Saulchoir als Universitätsfakultäten erhielt, konnte P. Padé, der Provinzial von Frankreich, deren Verlegung vor die Tore von Paris (nach Étiolles, Seine-et-Oise) bewerkstelligen. Und so fanden die „Jakobiner" den ihnen gemäßen Platz wieder.

2. Geist und Methoden

Die geistige Ausrichtung

Im Oktober 1904 ging Le Saulchoir also an die Arbeit. Aber in welchem Kontext? Damals schrieb George Tyrrell: „Wir unterscheiden uns nicht in dem einen oder anderen Artikel des Credos: wir akzeptieren alles; wir unterscheiden uns wegen des Wortes *credo*, wegen des Wortes *wahr*, das dem Dogma zugelegt wird; die gesamte Bedeutung der Offenbarung steht auf dem Spiel" (Brief an Friedrich von Hügel vom 30. September 1904). Ein ehrlicheres Zeugnis für die intellektuelle und religiöse Krise, die damals die Christenheit erschütterte, lässt sich kaum denken. Seit rund 15 Jahren hatten sich in Verbindung mit einer immensen philosophischen Anstrengung (von der *Revue de métaphysique et de morale* bis zur *Revue thomiste*, beides Gründungen des Jahres 1893) und einer intensiven historischen Arbeit (Anwendung der historisch-kritischen Methode und Einführung der historischen Disziplinen in den Hochschulunterricht) die spekulativen und positiven Forschungen in der Kirche in schöner Breite entwickelt (*Bulletin critique*, 1880; *Revue biblique*, 1892; *Revue d'histoire et de littérature religieuses*, 1896; die Werke von Duchesne,

Batiffol, Lagrange; die Instituts catholiques; Mercier und die *Revue néo-scolastique*, 1894, in Löwen; *Die Aktion* von Blondel, 1893). Die Kontroversen und sonstigen Zwischenfälle können die Früchte dieser überaus ertragreichen Aktivität unter der Schutzherrschaft von Leo XIII. nicht verschwinden machen oder schmälern.

Allerdings machte sich seit Beginn des 20. Jahrhunderts auf den verschiedenen Wissensgebieten eine gewisse Inkohärenz in den Methoden und Perspektiven bemerkbar. Nach einer langen Inkubationszeit wurden die historischen und philosophischen Grundlagen des Glaubens und von daher das gesamte Gebäude der religiösen Erkenntnis mit einem Schlag in Frage gestellt – von der elementarsten Erfahrung bis zur scholastischen Theologie, von der Grundgegebenheit des Evangeliums bis zur kirchlichen Ausformulierung (so Loisy und Tyrrell). Im Kern all dieser Probleme ging es um eine radikale Kritik des Intellekts, genauer gesagt: eine Kritik des „Intellektualismus"; dieses neue Wort deutet die Kategorien an, die bei der neuen Problematik im Spiel waren. Diese tat sich übrigens in allen Wissensordnungen auf: Naturwissenschaft (Poincaré, Duhem, Le Roy), Metaphysik (Boutroux, Bergson), Religion (Sabathier, Laberthonnière u.a.m.). In allen Punkten äußerte sich eine Kritik des Begriffs, die man gern und manchmal zu Unrecht mit dem Kantschen Subjektivismus und auf religiösem Gebiet mit Schleiermachers Betonung des „Gefühls" in Zusammenhang brachte. Die „traditionelle" Philosophie, die durch die Wolffsche Scholastik und die Überbleibsel des Spiritualismus (Cousin) belastet war und andererseits ihren anämischen Aristotelismus irgendwie mit dem neuerdings sich durchsetzenden experimentellen Wissenschaften zu vereinbaren trachtete, sah sich durch diese Rückkehr zu den intuitiven und affektiven Werten ebenso sehr überrascht wie durch die Herausforderung des „kritischen Problems". Zwiefach argwöhnisch und vor allem um Vermeidung des Agnostizismus bemüht, hielt sie sich in der Defensive, ohne die notwendigen Unterscheidungen zu treffen, und fand in ihrem „Intellektualismus" nicht zum richtigen Verhältnis zwischen begrifflichen Werten und religiöser Erkenntnis; Mystizismus und Theologismus – diese beiden „Ismen" stehen in der Religionsphilosophie für das Zerbrechen der alten Einheit der Theologie. Jedes dieser beiden auseinander gerissenen Stücke gerät infolge seines Eigengewichts in die Gefahr eines einseitigen Eiferns.

Gleichzeitig wird der Gegenstand des theologischen Wissens, ja radikaler noch: die Vor-Gabe der Offenbarung in ihren im Lauf ihrer Weitergabe sukzessiv entwickelten Formulierungen, der historischen Kritik unterzogen: Heilige Schrift, Entstehung des Christentums, Dogmen und Theologien profitieren ganz erheblich von den Erkenntnissen der Historie, deren Aufkommen in den geisteswissenschaftlichen Disziplinen eine der großen Leistungen des 19. Jahrhunderts war. Genau darin lag der stärkste Antrieb der seinerzeitigen Arbeit, genau darin bestand aber auch der unmittelbare Anlass der doktrinellen Krise. Es war unvermeidlich, ja ganz normal, dass das Auftreten einer solchen rationalen Methode bei den Gläubigen im ersten Augenblick einen stark emotionalen Glauben weckte, der sich in seiner integren Schlichtheit schnell gegen jeden Relativismus wandte. Diese recht undifferenzierte Reaktion barg jedoch auch einen negativen Konservatismus, der sich darauf versteifte, aus Routine unhaltbare Positionen zu verteidigen, die er bald schon überstürzt räumen musste, nachdem er vergebens sein apologetisches Geschick aufgeboten oder ewig zu spät kommende Versöhnungsversuche unternommen hatte. Das alles geschah nicht einfach aus Unwissenheit über eine legitime Ordnung der Forschungen auf historischem Gebiet, sondern infolge eines theologischen Irrtums, besteht doch das Gesetz der Offenbarungsökonomie gerade darin, dass Gott sich durch die Geschichte und in ihr kundtut, dass der Ewige sich in der Zeit inkarniert und dass der Geist des Menschen ihn nur dort erreichen kann. Doch dann gerieten die gesunden Normen dieser Arbeit in Unordnung durch den gewaltsamen Einbruch eines Evolutionismus, der die biologischen Theorien des Transformismus auf das Leben des Geistes und schließlich auch auf die religiöse Erkenntnis übertrug. Das war selbst auf der Ebene der Vernunft ein radikaler Irrtum, der letztlich auf einem positivistischen Vorurteil beruhte. Manche Katholiken vermochten die korrekte Lehre und die konkrete Beobachtung der Dogmenentwicklung nicht von dieser Philosophie *a priori* frei zu halten, während andere sich, einem Verteidigungsinstinkt folgend, an eine rigide Vorstellung von der Unveränderlichkeit der Dogmen klammerten, die den protestantischen Thesen, von denen sich Newman gerade erst getrennt hatte, näher stand als der berühmten Lehre des Vinzenz von Lérins.

In dieser Konfusion der Methoden und im Spiel der philosophischen Vorurteile konnte selbst die gesündeste Wissbegier nur mit Mühe die Unabhängigkeit ihres Forschens wahren, denn die Problemstellung selbst war sowohl durch die Ablehnung des plumpen Konservatismus der einen als auch durch die bedingungslose Verweigerung

der anderen belastet. Die Aufeinanderfolge von historischer und theologischer Arbeit wurde blockiert, und die
jeweiligen Verfahren beider Disziplinen gerieten durch-
einander. Was das Dogma angeht, so ließ sich seine religiöse Bedeutung angeblich nur durch einen radikalen
Relativismus retten, der seine Wahrheit in Geschichte und
Menschengeist faktisch ruinierte; andere dagegen vermochten nicht korrekt mit der wahren Relativität umzu-
gehen, die zwischen der Offenbarung und der von dieser
angestoßenen rationalen Ausarbeitung waltet. Gegen die
Gefahren einer solchen Verwirrung mahnte denn auch
bald die Enzyklika *Pascendi* (1907) die wesentlichen Werte
der christlichen Offenbarung an und definierte die katholische Lehre. Sie war „das Reagens, das die verschiedenen
Substanzen in einer besonders trüben Lösung sichtbar
macht und für ihre Differenzierung sorgt" (J. Rivière). So
scharf dies auch im Einzelnen ausfiel – man musste die Irrtümer anprangern, die um so verheerender waren, als sie
unter dem Deckmantel verbaler Übereinstimmung im
Zentrum des Glaubens vorkamen.

Trotz des dramatischen Ernstes dieser Situation handelte
es sich in der Kirche in Wirklichkeit um eine Wachstums-
krise und folglich um einen in einem gesunden Organismus ganz normalen Vorgang. Zweifellos war er von manchen Vergiftungserscheinungen und von einer Art funk-
tionaler Gleichgewichtsstörung begleitet, auf die eine
defensive Reaktion erfolgen musste; doch das waren nur
vorübergehende Schwierigkeiten und die Kehrseite eines
geistigen Geschehens von großer Tragweite und wunder-
barer Fruchtbarkeit: *Der Glaube und in ihm die theologische Wissenschaft ergriffen Besitz von neuen Vernunftwerk-
zeugen.* So war es in der abendländischen Christenheit in

den verschiedenen Kulturzyklen schon mehrfach vorge-
kommen: im Zeitalter der karolingischen Renaissance, als
die grammatikalische Kritik Eingang in die Lektüre der
heiligen Texte fand, sodann zweimal in der Renaissance
des 12. und 13. Jahrhunderts, als Abaelard die Dialektik zu
einem Instrument der Theologie machte und die Entdeckung des Aristoteles der christlichen Vernunft das
griechische Ideal von Wissenschaft vermittelte. Jedes Mal
erschienen diese „Renaissancen" im ersten Schock als
Gefahren für den Glauben, und tatsächlich entfachten sie
jedes Mal einen „Humanismus", dessen rauschhafte Inten-
sität das christliche Gemüt in Unruhe versetzte. So galt
Thomas von Aquin in den Augen mancher Leute als Vertreter eines heidnischen Naturalismus, weil er die aristotelische Naturphilosophie und die von ihr grundgelegte
rationale Wissenschaft ins Christentum eingeführt hatte.
Jetzt, nach Grammatik, Dialektik und Wissenschaft, war es
die Geschichte, die sich der Theologie als rationales Instrument anbot.

Aber gerade der Fall des heiligen Thomas kann uns eini-
ges, vor allem an Unterscheidung, lehren. Gegenüber
dem „traditionellen" Augustinismus erkennt Thomas den
Dingen eine Natur zu, deren ontologische und erkenntnistheoretische Dichte über die fragile religiöse Symbolik
hinausgeht; dies führt jedoch sicher nicht zu einer Ent-
mächtigung des göttlichen Handelns in der *creatio continua*. Thomas behauptet die substanzielle Bindung der
Seele an den Leib bis in die übernatürliche Erkenntnis hinein und weist die göttliche Illumination, die der platonische Idealismus so geschickt handhabe, zurück; doch
dies bedeutet keineswegs die Trennung des Geistes von
der Quelle allen Lichtes. Wenn er bei der Erforschung der

Geheimnisse Gottes der Vernunft ein erstaunliches Vertrauen entgegenbringt, so erwächst und speist sich jene Wissbegier, die nach der Anschauung ihres Gegenstandes trachtet, ja aus dem Glauben selbst. Die in der kontemplativen Weisheit gegebene Einheit des Geistes wird also durch diese methodologischen Unterscheidungen nicht beeinträchtigt; es gibt nicht zwei Wahrheiten, eine Wahrheit der Vernunft und eine Wahrheit der Offenbarung, eine Wahrheit der Geschichte und eine Wahrheit des Glaubens, die jeweils ihrer Bestimmung folgen; aber Vernunft und Offenbarung, Geschichte und Glaube gehören verschiedenen wissenschaftlichen Grundordnungen an, deren Vermischung für beide ruinös wäre.

In dieser Lehre konnte man in den trüben Jahren zwischen 1904 und 1908 einen Lichtstrahl erblicken, und das Beispiel des heiligen Thomas half einem, Gelassenheit zu bewahren. Die Lehrer von Le Saulchoir, ein Gardeil, ein Lemonnyer, waren nicht nur in ihrem Glauben, sondern auch in ihrer thomistischen Theologie kategorisch, doch an den heftigen Polemiken haben sie sich nie beteiligt; vielmehr scheinen sie fast immer, wenn man so sagen kann, Distanz gewahrt zu haben. In ihrer Offenheit für die Realität und die Komplexität der entstandenen Probleme verweigerten sie sich einseitigen Positionen und vereinfachenden Lösungen, ja selbst einer gewissen thomistischen Übersteigerung. In ihrer Hinwendung zu den Objekten und mit ihrem sicheren Gespür für die Unterscheidung der Methoden suchten sie in allen Dingen nach den eigentlichen Ursachen und gaben so ihrer Arbeit die geistige Ausgewogenheit, die ein zuverlässiges Zeichen von Wissenschaftlichkeit ist. Dies war sicher auch das richtige Mittel, dem hitzigen Fieber zu entgehen, das Leute befällt, die im „Belagerungszustand" leben, und das in der Wissenschaft genauso ungesund ist wie anderswo.

Eines der stärksten Zeugnisse für diese Einstellung finden wir in der Vorlesungsreihe, die P. Gardeil 1908 im Institut catholique von Paris hielt und die danach unter dem Titel *Le Donné révélé et la Théologie* veröffentlicht wurden. Dieses Werk war damals das Brevier der theologischen Methode und der intellektuellen Arbeit in Le Saulchoir. Und das ist es, abgesehen von einigen philosophischen Vorbehalten und einigen sehr persönlichen Zügen, auch heute noch. Im Übrigen mussten der historische Realismus eines Mandonnet und die exegetische Psychologie eines Lemonnyer dafür sorgen, dass die etwas abstrakte und schwerlastige „Theorie" P. Gardeils zu lebendiger Anwendung kam und alle Nuancen ihrer Dynamik entfalten konnte. Im Folgenden möchten wir, bevor wir im Einzelnen auf den philosophischen und den theologischen Studienzyklus eingehen, in großen Zügen diese Arbeitsweise skizzieren.

Man wird allerdings feststellen, dass die „Ausgangsposition" von Le Saulchoir etwas verengt binnenkirchlich aufgefasst worden ist. Ungeachtet der inhaltlichen Bandbreite des Arbeitsfeldes und der entschiedenen Anerkennung bestimmter „laikaler" Probleme (wie sie sich etwa durch die Entwicklung der psychologischen Disziplinen und noch mehr infolge der Erkenntniskritik stellten), richtete sich die Aufmerksamkeit nicht ausdrücklich auf die neuen philosophischen Probleme. Außerhalb dessen, was die religiösen Werte betraf, fehlten anscheinend gewisse Antennen, eine gewisse Sensibilität, ein Initiativgeist gegenüber radikalen, aber strikt philosophischen Optionen.

Es ist wahrscheinlich ganz normal, dass eine solche Wissbegier in einer Schule für Theologie eher implizit wirksam
ist; ärgerlich wäre es freilich, wenn es dabei bliebe.
In der sozialen Frage machen sich die Kirchenleute bisweilen recht wenig Sorgen um die Lebensbedingungen
der Menschen; sie interessieren sich nur für ihre eigenen
Angelegenheiten; das Schicksal der Arbeiter beschäftigt
sie nur dann wirklich, wenn sie den allgemeinen Glau-
bensabfall der unteren Klassem feststellen müssen. So
versetzen uns Christen die Probleme des Denkens erst
dann in Alarmstimmung, wenn neuere Positionen sich da,
wo die alten Positionen sehr gut in unsere eigene Welt
passten, nicht mehr einfügen wollen. In beiden Fällen
handelt es sich nicht einfach um ein ungeschicktes Verhalten, sondern um eine falsche Vorstellung vom Übernatürlichen in der Menschheit und in der Christenheit.
Ein Theologe darf sich damit nicht zufrieden geben. Erst
mit der Arbeit und den Schriften von P. Roland-Gosselin
(† 1934) gewann der Hochschulunterricht in Philosophie
jene Konsistenz, die ihn zur Entwicklung einer eigenen
Problematik befähigte.

Die Arbeitsweise

Das Grundgefüge der Arbeitsweise in Le Saulchoir bildet
das stetige wache Bemühen, die Grundverschiedenheit
der Methoden beim Zugang zur Wahrheit zu beachten
und dann das Wissen in entsprechenden wissenschaftlichen Grundordnungen zu organisieren. Darin bekundet
sich eine entschlossene Reaktion nicht nur auf einen
intellektuellen Simplismus, in dem sich das Wissen um die
Schichten des Geisteslebens verflüchtigt, sondern auch

gegen den hastigen Rückgriff auf totalitäre Erklärungen, die angeblich aus hinter den Dingen liegenden Gründen gewonnen sind. Die Wahrheit ist nur eine, aber es gibt verschiedene Wahrheitssysteme, die sie in unserem Geist zur Einheit fügen, und es bedarf auf den einzelnen Ebenen keineswegs der endgültigen Evidenz der letzten Initiativen des Geistes. Wenn man diese Ebenen zueinander ordnet und die ihnen eigentümliche Intelligibilität und ihre spezifischen Zugangswege bestimmt, so darf das gewiss nicht zu einer wissenschaftstheoretischen Reflexion führen, in der man mehr Gefallen an der Jagd als an der Beute empfände; doch der Beute sicher sein kann man *de iure* und *de facto* eben nur dank einer geduldigen Aufmerksamkeit für die jeweilige Intelligibilität der Dinge selbst. Wenn man die physischen oder chemischen Phänomene mittels der hylemorphistischen Theorie von den Substanzen erklären will, dann ist dies nicht nur subjektiv unbedacht, es ist ein Irrtum über die Realität der Gegenstände. Wenn man der Erforschung der Naturgesetze keinen wissenschaftlichen Wert beimisst, sondern diesen dem Studium der Ursachen vorbehält, dann spielt man unbewusst das Spiel eines erkenntnistheoretischen Dualismus, der aus Furcht vor dem Empirismus die Metaphysik auf die Erkenntnis pseudoplatonischer Archetypen einschränkt. Wenn ein Theologe der Geschichte ihre menschliche Dichte abspricht, weil sie das Medium der Offenbarung gewesen sei, dann setzt er sich der Gefahr aus, genau die Wege zu verkennen, die Gott gewählt hat, um sich zu offenbaren. Und so weiter und so fort.

Le Saulchoir hat diese methodologische Flexibilität in allen „Graden des Wissens" immer gesucht, und nur zu gern hat es in ihr einen Grundzug der Lehre des heiligen

Thomas erblickt. Der kartesische Geist ist ganz auf ein einziges Ideal von Intelligibilität ausgerichtet, für das die Mathematik die obersten Kriterien und die perfekten Verfahrensweisen bereit stellt, geht es doch darum, eine der Weltordnung angemessene deduktive Konstruktion zu entwickeln; die thomistische Disziplin dagegen baut auf der Grundverschiedenheit der Methoden auf und hält sich an die strukturelle Autonomie jeder einzelnen Ordnung des Wissens. Das ist nicht einfach faktische erkenntnistheoretische Klarsicht, es ist die kategorische Konsequenz einer Metaphysik, der zufolge das Sein radikal mannigfaltig und nicht univok ist. Das Universum der Erkenntnis ist keine flache Scheibe mit zwei homogenen Dimensionen; es entwickelt sich auf verschiedenen, voneinander abgesetzten Ebenen; die Theorie von der Abstraktion, die sozusagen das Fachwerk dazu baut, garantiert den verschiedenen begrifflichen Ausarbeitungen ihre unableitbare Originalität. Dies ist übrigens das wahre Mittel gegen die Gefahren, die ihr Formalismus bergen könnte.

Der Titel, den die *Revue des sciences philosophiques et théologiques* (1907 ff.) erhielt, bekundete nach der Intention ihrer Gründer diesen Respekt vor dem Pluralismus der Methoden und Gegenstände in dem – gegenüber den anderen Feldern menschlichen Wissens doch so einheitlichen – Bereich der Philosophie und der Theologie. Auf denselben Respekt ist es wohl auch zurückzuführen, dass man in der Ausbildung der jungen Professoren nicht mehr nur auf das herkömmliche theologische Doktorat vertraute, wenn jemand in den verschiedenen Fächern der *ratio studiorum* lehrend tätig werden sollte, und dass man den Nachwuchskräften neben der Erfahrung der persönlichen Arbeit auch die für ihre Spezialisierung notwendige Ausstattung zugänglich machte. Sie sollten sich im Übrigen ernsthaft mit Physik, Soziologie, Philologie usw. beschäftigen, ohne dabei gleich einen Hintergedanken zu verfolgen, der das jeweilige Verständnis beeinträchtigt hätte.

Dort, wo dieses methodologische Erfordernis sich als doppelt anspruchsvoll erweist, in der Interferenz des natürlichen Vernunftgebrauchs und des übernatürlichen Glaubensvollzugs, fand Le Saulchoir, dominikanischer Tradition und der weitsichtigen Mahnung Leos XIII. folgend, im heiligen Thomas die sicherste Grundlage für seine Arbeit. Wenn es nämlich einen Haupt- und Zentralpunkt in der Lehre des Thomas gibt, dann die Konzeption einer rationalen Ordnung, die, ohne deshalb eine in sich geschlossene Welt zu bilden, über ein autonomes Methodeninstrumentar verfügt und sich durch ein intelligibles Verfahren auszeichnet. Gerade P. Mandonnet hat in seinem meisterhaften *Siger de Brabant* (1899; 2. Aufl. 1908 –1911) gezeigt, wie das Werk des heiligen Thomas im abendländischen Mittelalter inmitten einer der schwersten Krisen der Christenheit aus dieser großartigen Intuition entstanden war und sich auch gegen offizielle Opposition mit der freiesten Gelassenheit behauptet hat. Auf eine solche Lektion konnte man bauen. Das Werk P. Mandonnets ist in Le Saulchoir immer regelmäßig und mit Gewinn gelesen worden.

Wenn diese methodologische Unterscheidung das Grundgefüge der Arbeit bildete, dann ging es dabei nicht bloß um eine organische Aufgabenverteilung in einer homogenen Arbeitsgruppe, sondern darum, der Equipe und jedem ihrer Mitglieder die geistige Einheit zu sichern.

Distinguir pour unir[2] – die Unterscheidung der „Formalobjekte" ist das Gesetz, das den Erwerb der Weisheit leitet; Weisheit aber ist etwas ganz anderes als eine vollständige Sammlung von Einzelstücken, und es kommt nicht darauf an, fähige Spezialisten innerhalb geschlossener Grenzen auszubilden, sondern eine Schule der Theologie im guten Sinn des Wortes aufzubauen, das heißt eine lebendige Gestalt des Denkens, in der das Glaubenslicht so sehr auf die Vernunft vertraut, dass es sich ihrer bei der wissenschaftlichen und religiösen Verarbeitung der Offenbarung bedient und dadurch zum Ausdruck bringt, dass diese Vernunft selbst Wissensmeisterin ist. Die Theologie ist Weisheit, und bekanntlich drückt dieses Wort in der Sprache der Antike die herausragende Stellung einer Disziplin und zugleich ihre architektonische Kraft aus. Wir meinen sogar, dass nur eine Theologie als Weisheit fungieren kann, denn nur sie transzendiert die rationalen Kategorien des Geistes so weit, dass sie gleichsam den Vorsitz über sie übernehmen kann, ohne an ihnen kleben zu bleiben oder ihre Ordnung zu zerstören. Der Metaphysiker hat diese Sicherheit nicht.

So entschieden wir jenen theologischen Imperialismus ablehnen, der nichts anderes als intellektueller Klerikalismus ist, so entschieden glauben wir an diese regulative Funktion der heiligen Wissenschaft. Die Elemente dieses heiklen Gleichgewichts werden wir noch prüfen; wir wollen aber schon gleich gestehen, dass uns nach aller Erfahrung eine solche geistige Freiheit nur in der Reinheit und Kühnheit einer Kontemplation und nicht in einer noch so

---

[2] Distinguir pour unir ou Les degrés du savoir, so lautete der Titel des Werkes von J. Maritain, Paris 1932.

gut konstruierten Spekulation mit ihren Abstraktionen und Formalobjekten realisierbar scheint. Wir konzipieren unsere Methode der intellektuellen Arbeit nicht außerhalb unseres Ordenslebens als Dominikaner. So war es schon bei Thomas von Aquin, und wir sehen darin nicht nur einen Fall von persönlicher Heiligkeit, sondern ein Prinzip, das seinem Begriff von Theologie selbst eingeschrieben ist. Von außen gesehen erscheint diese allumfassende Vorstellung vom Geistesleben vielleicht überraschend; doch nachdem wir sie, gewiss unter häufigem Versagen, erlebt und gelebt haben, wagen wir es, aus persönlicher Erfahrung heraus und in voller Überzeugung davon zu sprechen.

Die eigentliche Wirkung der geistigen Freiheit des heiligen Thomas, sozusagen das Gesetz seiner ganz normalen Tätigkeit, war jenes *(Er-)Findevermögen*, in dem sein Geist inmitten der brodelnden Atmosphäre und der intellektuellen Revolution des 13. Jahrhunderts seinen festen Stand fasste. Dieses Erbe in sich zu tragen und es in die Tat umzusetzen, stellte um 1900 eine Kühnheit, vielleicht sogar einen überzogenen Anspruch dar. Es war eine harte Lektion, die wir da von unseren Altvordern, den Thomisten des 16. Jahrhunderts, zu lernen hatten. Sie hatten sich angesichts des Humanismus eines Erasmus, der religiösen Revolution eines Luther, der wissenschaftlichen Revolution eines Galilei und später der philosophischen Revolution eines Descartes hinter ihren traditionellen Wahrheiten verschanzt, um dem Ansturm des neuen Geistes trotzen zu können. In diesem Belagerungszustand zeigten sich zwar die Größe ihres Glaubens und die Widerstandskraft ihres Wissens, die Kehrseite aber war, dass sie in einer seltsamen psychologischen Umkehrung die

Wahrheit als Besitz betrachteten, die Rechte verleihe, nämlich Eigentumsrechte, auf die man ein für allemal pochen könne. Das „System" hatte Selbstwert angenommen, gerade so, als ob es selbst der Gegenstand der Philosophie wäre, sodass man jahrhundertelang „über Philosophien philosophierte, statt über Probleme zu philosophieren" (E. Gilson). Man weigerte sich einfach, Probleme aufzuwerfen.

Sich an Thomas anzuschließen, das hieß zuerst einmal, jenes Finde- und Erfindungsvermögen wiederzugewinnen, kraft dessen der Geist zu seiner stets sprudelnden Quelle, nämlich zur *Problemstellung* jenseits der immer schon erzielten Ergebnisse, zurückkehrt. Genau hier vermitteln sich ja wohl effektiv und technisch jene permanente Offenheit und jenes immer neue Staunen, die, wie Aristoteles und Descartes sagten, Auslöser und Antriebskraft jeder Philosophie sind. Es scheint, als hätte die thomistische Schule unter der schweren Last ihres Erbes und in der Sorge um dessen Bewahrung um die Wende zum 16. Jahrhundert jener innovativen und kreativen Kraft den Abschied gegeben, die die Anfänge des Thomismus auszeichnete. Es ist nun aber einmal „unmöglich, zu bewahren, ohne zu schaffen; selbst auf menschlicher Ebene gibt es eine *creation continua*" (E. Gilson).

Diesen ausgreifenden Geist wieder zu finden, das bedeutete zuallererst den Verzicht auf das schlichte Verfahren, in dem man die Gegner dadurch widerlegte, dass man ihnen seine eigenen Schlussfolgerungen entgegenhielt, ohne sich um den Rückgang auf die Prinzipien und die Urgegebenheit, die Urvorgabe zu bemühen, obwohl sich doch genau da in Wissenschaft, Philosophie und Theologie immer wieder neu die *Problematik* der so genannten ewigen Fragen stellt. Wir betrachten die *philosophia perennis* nicht als fest umrissenes System unantastbarer Sätze, sondern als Gefüge von Grundintuitionen, die begriffliche Gestalt nur unter der Bedingung annehmen, dass sie ihre lebendige Leuchtkraft behalten und dass die Begriffe immer wieder der Konfrontation mit der stets reicheren Realität ausgesetzt werden. Das ist für jeden Verstand ein schwieriges Unternehmen, aber noch schwieriger ist es für den, der von einem Lehrer in einer „Schule" lernen will. Doch es gibt ein Mittel, das Paradox zu durchbrechen; es besteht in dem pädagogischen Prinzip, niemals in einer *quaestio* vorschnell mit einer *conclusio* zur Hand zu sein. Die Handbücher der Schule nehmen sich zumeist allzu viel Gewissheit heraus und agieren im Grunde unaufrichtig; in den *status quaestionis*, die sie ihren „Thesen" vorausschicken, stellen sie die Probleme nicht in ihrer wahren Schärfe, sondern spielen mit gezinkten Karten. Ihnen fehlt jene Naivität, die uns gegenüber der immer neuen und immer überraschenden Wirklichkeit wirklich redlich sein lässt.

Wenn wir mit unserer Arbeit in unserer Zeit präsent sein wollen, wie es einst Thomas von Aquin oder Bonaventura waren, so entspringt dies nicht einem rückgratlosen Liberalismus oder apologetischen Opportunismus. Es entspricht vielmehr dem Gesetz geistiger Arbeit selbst, und das Verständnis, das wir für unsere Zeitgenossen, für ihre Probleme, für ihre Ängste haben, wird zum Kriterium echter Objektivität. Lacordaire hat sich in der großartigen Lehre von der Kirche, zu welcher der Umschwung in den so genannten traditionellen Themen der christlichen Apologetik führte, nicht rhetorisch bei seinen Zuhörern eingeschmeichelt, nein, er hat gute Theologie getrieben.

Denn auch die Theologie – wir würde sogar sagen: sie erst recht – wird von diesem selben Gesetz getragen, wenn denn der unmittelbare und unmittelbar fruchtbare „Ort", von dem sie das ihr Vorgegebene, ihre „Vor-Gabe" bezieht, das gegenwärtige Leben der Kirche und die augenblickliche Erfahrung der Christenheit ist. Theologen, deren Wissenschaft sie von dieser *Präsenz* der Offenbarung im Heiligen Geist abschirmen würde, wären Emigranten inmitten ihrer eigenen Behausung. Wir gehörten zu denen, die sich mit aller Kraft darum bemüht haben, diesen Zustand der Emigration zu durchbrechen, in den sich die moderne Theologie bisweilen ergeben hat.

Einer der Wege, auf denen sich ein solches Programm in Philosophie und Theologie realisieren lässt, ist der Rückgriff auf die Quellen, das direkte Studium der Lehrmeister des Denkens. Mit ihm, so glauben wir, findet das Problem, wie man als Thomist in aller Redlichkeit gelehrigen Gehorsam üben kann, seine Lösung.

Man hat zwar in Le Saulchoir hin und wieder versucht, Handbücher als Lehrstoff einzuführen, doch wirklich in Gebrauch gekommen sind sie nicht; dies ist nicht bloß die Konsequenz aus einer nach universitärem Typ gestalteten Organisation, es ist vielmehr die Folge jener Überzeugung, dass die wahre Arbeit nicht mit Ersatzstoffen geleistet werden kann, so übersichtlich und praktisch sie auch sein mögen, sondern nur mit unverbrauchten Dokumenten, die um ihres unerschöpflichen Reichtums willen wirklich den Namen „Quellen" verdienen.

Es ist eine Grundregel im Dominikanerorden, dass die Studierenden ihre Theologie am Text der *Summa theologiae* des heiligen Thomas erlernen. Diese Regel, die übrigens ohne die üblichen Ausnahmen galt, hat man mit ihrer ganzen methodologischen und spirituellen Tragweite in die Praxis umzusetzen gesucht. Es geht dabei nicht nur darum, sich auf einen Familienschatz zu verlassen, ihn in seinem Wortlaut zu analysieren und sich zu Eigen zu machen; vielmehr gilt es, durch diese kontinuierliche Exegese den direkten Kontakt mit dem Geist des in seiner Arbeit sich ausdrückenden Thomas herzustellen, ihn in seiner ganz eigenen Reaktion auf die ihm sich stellenden Probleme zu erfassen, in den Gang seiner Forschung, seiner *quaestio disputata* einzuschwingen, dem schöpferischen Bemühen seines Denkens in seinen verbalen Äußerungen zu folgen, auf diese Weise jenseits seiner Überlegungen und Folgerungen zu den sie insgeheim leitenden Postulaten vorzustoßen und den intellektuellen Antrieb aufzudecken, der von entscheidender Bedeutung für eine Philosophie ist, sobald diese sich anschickt, ihr System zu fixieren. Kurz und gut: Es geht darum, die Thomas-Lektüre um die Technik und die Kenntnisse zu bereichern, die die modernen exegetischen Verfahren in der heutigen Hochschulpädagogik für die Erklärung von Texten bereitgestellt haben. Man kann sich denken, wie stark diese Rückkehr zur Wahrnehmung eines Denkens und einer Lehre aus erster Hand eine Lektüre verändert, die in der Schultradition allzu oft zu einem rein dialektischen Kommentar verkam, in dem immer ausgedehntere Schlussverfahren und scholastische Rabulistik die Hauptbeschäftigung darstellten.

Als echte Hilfe für die geschilderten Intentionen erwies sich die Anwendung der historischen Methode auf das Studium der Texte und Lehren des Mittelalters. Das ist an sich eine Selbstverständlichkeit, aber wenn diese Methode in diesem Geist und in dieser Erwartung angewendet wurde, verwandelte sie sich in ein überaus wirksames Arbeitsinstrument. Diese Erfahrung verstärkte sich nach dem Weltkrieg im Zuge der Renaissance der Mittelalterstudien, deren Vorreiter Denifle, de Wulf, Bäumker und Grabmann gewesen waren; von verschiedener Seite kamen jetzt immer mehr kenntnisreiche Beiträge. Schon seit langem profitierte Le Saulchoir vom Wissen P. Mandonnets, dessen gesamtes Werk einen Grundstock und, was noch wichtiger war, maßgebliche Anstöße lieferte. Als sich der Pater nach dem Krieg in Le Saulchoir niederließ, nahmen diese Arbeitsperspektiven konkrete Gestalt an; die *Bibliothèque thomiste* machte sie zu ihrem Programm und trug ihre Ergebnisse zusammen. Die Freundschaft Étienne Gilsons war das lebendige Zeugnis für die Fruchtbarkeit dieser Begegnung zwischen Geschichte und Doktrin.

Es handelte sich bei alldem also nicht um simple Wissbegier, um ein archäologisches Unternehmen, das ebenso gut auf einem anderen Gebiet hätte stattfinden können. Es war vielmehr die Frucht der Überzeugung, dass das Verstehen eines Textes und einer Lehre eng mit der Kenntnis ihres Entstehungszusammenhangs verknüpft ist, denn die Intuition, die sie hervorgebracht hat, wird greifbar nur in dem literarischen, kulturellen, philosophischen, theologischen und spirituellen Kontext, in dem sie entstanden sind und geformt wurden. Gewiss gibt das Genie seinem Milieu erst seinen wahren Sinn und seine Bedeutung, und die Wahrheit, die es aussagt, ist an sich überzeitlich. Aber es ist nun einmal *conditio humana*, dass wir den Geist nur in einem Leib haben und dass wir die unwandelbare Wahrheit nur in der Zeit ausdrücken können, in der sie sich sukzessiv inkarniert. Die göttliche Offenba-

rung selbst hat sich in menschliche Gewandung geklei-
det, je nach den Epochen, in denen sie uns zuteil wurde.
Thomas kann nicht vollständig aus Thomas allein erklärt
werden, und seine Lehre, mag sie auch noch so hochgei-
stig und abstrakt sein, ist nichts Absolutes, das nichts zu
tun hätte mit der Zeit, in der sie entstanden ist, und mit
den Jahrhunderten, die ihr Nährboden waren. Dies ist nun
einmal die irdische Bedingtheit des Geistes, infolge deren
geschichtliche Kontingenz und menschliche Unbere-
chenbarkeit selbst ins geistigste Denken Eingang finden
und selbst in die kohärentesten und einheitlichsten
Systeme eine nuancierende Relativierung bringen.
Daher gewinnen noch die ältesten Formeln der Schule
eine gewisse jugendliche Würze, weil das Bemühen genau dahin geht, bis in den sprachlichen Ausdruck hinein
den Humus wieder zu finden, der den frischen Samen
barg. So wurden verschiedene Arbeitszyklen eingerichtet, deren Forschungstätigkeit Schritt für Schritt die spirituelle Dimension im Werdegang des heiligen Thomas
rekonstruierte. Das *Bulletin thomiste*, das 1924 auf Anregung von P. Mandonnet gegründete bibliographische
Organ, sollte inmitten einer überreichen Publikationstätigkeit Sachwalter dieser Kriterien und Forderungen
sein.
Wir können hier nicht die einzelnen Auswirkungen beschreiben, die diese Methode für den Hochschulunterricht hat. Wir wollen lediglich anmerken, dass sie dem gesamten Lehrbetrieb jene Errungenschaften zugute kommen lässt, die die Konstitution *Deus scientiarum Dominus*
über die katholischen Universitäten von der Arbeit an
und mit Texten erwartet; diese Arbeit ist zum integralen
Bestandteil einer *ratio studiorum* geworden, die bislang

auf die nicht von der mittelalterlichen Tradition ererbten, sondern aus den Formularen des 16. Jahrhunderts stammenden scholastischen Übungen beschränkt war.

Hinzu kommt, dass die *Summa theologiae*, dem Gesetz der Gattung folgend, nicht mehr als monolithischer Block behandelt wird, dessen gleichförmige und subtile Machart leicht die darin waltende konstruktive Dynamik verdecken könnte; das ganze Werk des heiligen Thomas verlangt nach dieser unmittelbar zugreifenden Lektüre, besonders die *Quaestiones disputatae*, die Frucht seiner Lehrtätigkeit, wie sie in ihrer immer wachen Wissbegier so typisch für die mittelalterliche Universität war. Die Eile, mit der die Verlage heutzutage Editionen auf den Markt werfen, die früher in ihren Kellergewölben vermoderten, beweist den Erfolg einer Methode, die sich nicht mehr mit unkontrolliert von Handbuch zu Handbuch weitergetragenen Zitatensammlungen begnügt.

Eine weitere Folge: Im Rahmen und im Dienst eines solchen Zugangs zum Denken des heiligen Thomas finden auch die Kommentatoren zu ihrer richtigen Funktion. Der „Kommentator" ist sicher nicht einfach derjenige, der den Text des Meisters exakt und minuziös glossiert; er hat vielmehr eine solche Vertrautheit mit diesem Text erworben, dass ihm der Buchstabe zum Vehikel des Geistes wird; so kann er in seiner Schule für eine Homogenität sorgen, die Außenstehende nur schwer erreichen. Wir brauchen hier nur an die großen griechischen Aristoteles-Kommentatoren zu denken. Der scholastische Kommentar aber mit seiner formalen Erläuterung stellt auf Grund seiner Funktion einen bestimmten Typ von Hilfsmittel dar: Er ist Instrument und nicht etwa Objekt der Arbeit. Das macht die Relativität seiner Rolle aus. Er unterliegt somit jener historischen Methode, deren direkten Einfluss wir beschrieben haben. Als guter Zeuge ist auch er verbunden mit seiner Zeit, mit ihrer Atmosphäre, ihren Sorgen, die ja auch die seiner Schule sind, wenn es zu einem bestimmten Zeitpunkt um die Auseinandersetzung mit einem bestimmten Gegner über ein bestimmtes Problem geht. Diese konservativen Sorgen wirken jedoch, verglichen mit der schöpferischen Kraft des Meisters, ein wenig eng und gehen nicht immer in die Richtung von dessen Ur-Intuition. Cajetan bemüht sich sehr, Duns Scotus zu widerlegen, da wo Thomas ganz damit beschäftigt war, beispielsweise in seiner Noetik das große augustinische Thema der *rationes aeternae* aufzunehmen. Billuart nimmt, um Luthers Sakramentenverständnis besser widerlegen zu können, den Formulierungen allen Biss, da wo Thomas sich ganz ungezwungen in der patristischen und mittelalterlichen Symbolik tummelt. Wieder ein anderer glaubt, er müsse einen Traktat, den Thomas seiner Eingebung entsprechend geordnet hat, nach der Gepflogenheit seiner Zeit einteilen. Ganz zu schweigen von denen, die so töricht waren, die so geschmeidigen und unendlich mannigfaltigen Gedankengänge des heiligen Thomas in das Halseisen eines ständigen Syllogismus zu zwängen – oder die *Summa theologiae* in lateinische Verse zu fassen.

Statt die Exegesen der Kommentatoren als gleichförmige, unpersönliche Zeugnisse aneinander zu reihen, scheint es uns wirksamer und der Wahrheit näher, ihre Intentionen zu erspüren und ihre Tendenzen aufzudecken, um die Qualität ihrer Interpretation an sich und in der Geschichte des Thomismus einschätzen zu können.

Letztlich läuft all dies auf eine unbeirrbare Hochachtung gegenüber den Texten und ihrem bleibenden Wert hinaus. Die Rückkehr zu den Quellen ist in der Geschichte das, was in der Spekulation die Rückkehr zu den Prinzipien ist: die gleiche geistige Kraft, die gleiche immer neue Frische, die gleiche Fülle; und eines wird zum Garanten für das andere. In der speziellen Anwendung auf den Thomismus wirkt sich im Übrigen nur eine Überzeugung aus, die sich auf die gesamte Materie der philosophischen und theologischen Fächer erstreckt. Großer Wert wird darauf gelegt, dass man Aristoteles im Wortlaut liest, dass man sich nicht mit den zahllosen Sammelsurien begnügt, aus denen schon allzu lange, nämlich seit den Zeiten der antikartesischen Scholastik, die Kurse in „aristotelisch-thomistischer" Philosophie zusammengestellt wurden. Gleiches gilt für Platon, Augustinus oder Bonaventura. Es ist eine Sache elementarer Redlichkeit, die vor allem in der Theologie unabdingbar ist, wo nämlich das Urdatum, das Vorgegebene, die Vorgabe in autoritativen Texten zugänglich wird. Bevor wir darauf zu sprechen kommen, seien die Grundzüge dieses Arbeitsstils nachgezeichnet: Unterscheidung der Formalobjekte innerhalb der Einheit des Wissens und der Einfachheit der Kontemplation, Aufmerksamkeit eher für die Problemstellung als für Ergebnisse, Vertrauen auf die Lektüre der Texte und auf die historische Methode, die sie zur Geltung bringt, Vorrang des primären Zugangs vor der dialektischen Ausarbeitung. Diese Einstellungen bewirken je für sich und in ihrem Zusammenwirken, dass zur geistigen Arbeit in Freiheit auch die Technik kommt, die jene gewährleistet, und dass sich die Treue zu den Quellen mit immer neuem Antrieb verbindet.

3. Die Theologie

Le Donné révélé et la Théologie – so lautet nicht einfach der Titel eines Werkes von P. Gardeil, über dessen Bedeutung für Le Saulchoir wir schon gesprochen haben; diese antithetische Aussage definiert vielmehr die Achse, um die herum die Arbeit organisiert und an der entlang die Stoffe und Methoden eines ganzen Lehrbetriebs eingeteilt und näher bestimmt wurden – in dessen intellektueller und religiöser Erstreckung von der Vor-Gabe der Offenbarung bis zum Dogma, vom Dogma bis zum theologisch Vor-Gegebenen, von der theologischen Wissenschaft bis zu den theologischen Systemen. Es stellt im Übrigen bereits eine vorentscheidende Option für die konkrete Organisation dieses Hochschulunterrichts dar, wenn die erklärte Absicht besteht, jede dieser Arbeitsebenen, deren nicht weiter reduzierbare Vielfalt – von der Historie bis zur Spekulation – die Urstruktur der theologischen Wissenschaft ausmacht, zur Geltung zu bringen.

Zwar hat dann auf allen diesen Ebenen die Modernismuskontroverse die „Reform der Theologie", wie man sagte, dringlich gemacht, doch die Probleme hatten in Wirklichkeit viel ältere Wurzeln und betrafen die gesamte Geschichte der modernen Theologie: Der Stand der theologischen Disziplinen, auf dem wir uns heute befinden, ist der des 16.–17. Jahrhunderts, nicht der der mittelalterlichen Summen. Das ist völlig in Ordnung, und es dürfte wohl niemand Bedauern darüber empfinden, dass die Erfordernisse der Glaubensverantwortung und der Einfluss der neuen geistigen und kulturellen Strömungen im Organismus der Theologie neben den Phänomenen von Beharren, Positionsänderung und neuer Ausgewogenheit vor allem eine fortschreitende Diversifizierung der Funktionen und Methoden ausgelöst haben. Wer aber mit den mittelalterlichen Summen vertraut ist, der gewinnt, gerade auf Grund dieses Bezugs, eine gelassene Unabhängigkeit gegenüber den momentanen polemischen Interessen, die ja häufig die eigentlichen treibenden Kräfte hinter der Einteilung des Stoffes, hinter den geistigen Kategorien und auch hinter den ganz legitim sich entwickelnden Techniken sind. Er steht weniger in der Gefahr, da strukturelle Werte zu erblicken, wo im Grunde nur zufällige Bedürfnisse walten, die allzu rasch und allzu nachhaltig in der schulischen Routine festgeschrieben werden. Eine Theologie kann man nicht aufbauen mit lauter anti, sondern nur in Orientierung an ihren eigenen Prinzipien und an der inneren Hierarchie ihrer Gegenstände; dieses Wesensgesetz gilt es einzuhalten, wenn die Methoden zur Debatte und auf dem Spiel stehen. Vermutlich lag genau da der Wurzelgrund jener Freiheit, mit der P. Gardeil sich dem widmete, was er selbst ein wenig holzschnittartig „Sanierung des theologischen Terrains" genannt hat.

Primat der Vor-Gabe der Offenbarung

Bestandsaufnahme der Offenbarungs-Vor-Gabe und spekulative Konstruktion – diese beiden Funktionen der Theologie hatten sich infolge des ihnen zugewachsenen Bedeutungsumfangs häufig je für sich entwickelt, und so war die Begegnung zwischen „Positiven" und „Spekulativen", statt durch eine angemessene Arbeitsteilung zur gegenseitigen Befruchtung beizutragen, zum Anlass von Zwietracht geworden. Im tiefsten Grunde dieser Rivalität

freilich steckt der Streit um die Bedeutung des intellektuellen Moments, das der Spekulative ins Spiel bringt, und
nicht von ungefähr stellt der Positive die Frage nach der
richtigen Einordnung des der Ratio verpflichteten Denkens in eine Vorgabe, die ja nicht nur die Regel, sondern
die Seele jener Spekulation sein soll.

Ein Bedürfnis nach und ein Recht auf Einsatz der theologischen „Vernunft" besteht nur, wenn und insofern diese,
geleitet vom Glaubenslicht, in den religiösen Besitz der
Vor-Gabe der Offenbarung, des „Wortes Gottes", eingetreten ist, besser gesagt: unablässig eintritt. Nur in dieser
strikten und totalen Bezogenheit lässt sich eine Theologie entwickeln, denn nur so ist ihre unverzichtbare geistige Homogenität gewahrt, eine relative, aber zurei-
chende Homogenität, die vom Einschwingen in den
göttlichen Gedanken bis zur letzten theologischen *conclusio* reicht. Genau dies aber ist ein Wesensprinzip und
nicht bloß ein glücklicher Umstand: Erschlafft diese
Kohärenz zwischen der religiösen Wahrnehmung und
der wissenschaftlich-begrifflichen Fassung, zerbricht ihre
gemeinsame Arbeitsphalanx, dann verfehlt die Theologie das Wesen des Glaubensgegenstandes selbst, der ja
in eins die menschliche Aussage und der heiligende Gott
selbst ist. Denn Theologie ist nichts anderes als der Glaube *in statu scientiae*.

Das bedeutet denn auch den prinzipiellen Bruch mit den
*anti*lutherischen Theologien, die unter dem Vorwand, der
protestantischen „Mystik" zu wehren und den Autoritäts-
glauben mit seiner vollen kirchlichen Ausformulierung zu
vertreten, meinten, sie müssten das innere Mysterium der
Gotteserkenntnis einschränken und die Rolle der übernatürlichen Erleuchtung abschwächen, deren Medium die

Zustimmung zu satzhaften Aussagen, zu Propositionen, ist. Der Glaube ist nicht mehr zuinnerst übernatürlich, und streng genommen kann ich, indem ich mich der unbestreitbaren Autorität Gottes beuge, allein mit den Kräften meiner Vernunft glauben; nur *faktisch* und um der Verdienstlichkeit willen umgibt sich dieser erworbene Glaube dann auch mit gläubigem Vertrauen. War damit erst einmal das, wodurch der Glaube Aneignung der intimen (Er-)Kenntnis Gottes ist, abgeschwächt, so war das, worum es in dieser Aneignung ging, nur mehr von minderem Belang, da die zentrale Bedeutung des Glaubens ja in der dogmatischen Unterwerfung und nicht mehr in seinem Inhalt und seinen Gegenständen lag.

Geht sie von einem solchen Glaubensbegriff aus, dann verliert eine Theologie, eine theologische Wissenschaft offenkundig ihr Interesse und ihre Tragfähigkeit, verliert sie doch ihre lebendige Quelle. Und sie hat sie tatsächlich verloren, weil zahlreiche Theologen zu der Auffassung gelangten, die Theologie verlange nicht den übernatürlichen Glauben. Einst besaß die Theologie *ihre Stärke* im Glauben, denn die Glaubenszustimmung umfasste in der bejahten Proposition eine reale übernatürliche Erkenntnis, und dieser göttliche Realismus beseelte im wahren Wortsinn jenseits des Wirkens der beteiligten Vernunft die von der Proposition aus entfaltete Argumentation. Jetzt genügt die rein formale Zustimmung zur dogmatischen Formel, und der Nichtglaubende kann auf ihr eine stimmige Argumentation aufbauen, wenn nur sein Syllogismus das Gesetz der drei Termini beachtet. Die Theologie ist damit nicht mehr gläubig, sie ist wahr. Wir dagegen sagen: Sie ist tot und buchstäblich seelenlos, ein Spiel der Vernunft an der Oberfläche eines Vorgegebenen, eine Spottgeburt von Theologie: Die θεο-λογία, das „Wort Gottes", spricht nicht mehr in ihr.

Die Vor-Gabe der Offenbarung hat also immer und überall den Primat, den Primat des Gegenstands im alles bestimmenden, vorrangigen inneren Licht des Glaubens. Die spekulative Konstruktion ist kein Begriffsgebäude, das über einer vorgängigen und ein für allemal gesicherten Erkenntnis errichtet wird. Sie ist lebendige Verkörperung in Vernunftstrukturen, gewissermaßen den Wunderwerken des Geistes, des Glaubenslichts. Das bedeutet permanente Präsenz, so wie der Saft in einem ganzen Baum ständig wirksam präsent ist. Es bedeutet einhüllende Präsenz, denn nicht das „Konstrukt" umgibt die „Vor-Gabe" mit seiner fein gesponnenen Hülle, vielmehr ist es die „Vor-Gabe", die, als geistige Sphäre nach allen Seiten überströmend, von innen heraus und unter ihrem eigenen Druck elastische Gestalt annimmt. Die Kontemplation ist es, die eine Theologie entstehen lässt, und nicht etwa die Theologie, die zur Kontemplation führt. So hat die Vor-Gabe – Glaubenslicht und offenbarte Wahrheiten – in allem den Primat, und ihr Reichtum bleibt, selbst wenn die theologische Wissenschaft ihre rationale Anstrengung bis zur letzten *conclusio* getrieben hat, immer neu und immer unversehrt. Es wäre ein schlimmes Missverständnis, wollte man meinen, man habe die „Vor-Gabe" und ihre Urwahrnehmung durch Vernunftgründe und Deduktionen bereichert. Selbst die vollkommenste theologische Systematisierung fügt dem Evangelium kein Gran an Erkenntnis und Wahrheit hinzu.

Daher muss in der Organisation theologischer Arbeit das Studium der Quellen des Glaubens den ersten Rang unter den Disziplinen einnehmen. Wenn die „Spekulativen" diesem Studium mit Desinteresse, ja sogar mit Abneigung begegneten, so deshalb, weil sie, zumindest unbewusst, ihre systematische Konstruktion als eine in sich selbst einleuchtende, ein für allemal erarbeitete Größe und als Ergebnis einer Argumentation von autonomer Logik verstanden. Alles, was Exegeten, Historiker und Theologen dank erhöhter Aufmerksamkeit für die Vor-Gabe entdecken, wird folglich von den Spekulativen vernachlässigt, zuweilen sogar verdammt, wenn sie es nicht in ihr in sich geschlossenes System zu integrieren vermögen; damit beweisen sie nicht nur fachliche Unfähigkeit, sondern verstoßen gegen das Gesetz ihrer Wissenschaft, indem sie diese von ihrer immer frischen und immer sprudelnden Quelle abschneiden. Der Philosoph mag ohne Schaden, zumindest aber mit einem gewissen Recht die Geschichte der Philosophie ignorieren, denn nicht die Historiker liefern ihm seinen Stoff, sondern die Dinge selbst. Der Theologe jedoch kennt keinen Gegenstand außerhalb des *auditus fidei*, dessen Befund ihm der Historiker im Licht des Glaubens liefert; dieser Befund wiederum ist nicht bloß ein Katalog von Aussagen in irgendeinem *Denzinger*, sondern ein lebendiger, reichhaltiger Stoff, der in der Kirche als der Treuhänderin und Trägerin von Gotteserkenntnis unentwegt wirksam ist.

Wenn das Christentum so seine Realität aus der Geschichte bezieht, muss es die dem Range wie der chronologischen Abfolge nach erste Sorge des Theologen sein, diese Geschichte zu kennen und sich für den Erwerb dieser Kenntnis entsprechend zu rüsten. Dies ist keine zeitlich beschränkte Arbeit, die man möglichst rasch an die Spezialisten delegiert oder an der Tür zum Spekulationslabor abgibt, es ist permanente Anwendung, an der man geisti-

ges Gefallen finden sollte. Sie hat nichts zu tun mit Zweck-
apologetik, jener Wissenschaft der Knechte, die die heilige Arche gegen die Häretiker und Leugner des Dogmas
verteidigen müssen, sie ist substanzielle Nahrung auch
für das Sprechen von Gott. Die Texte sind in der Theologie
das, was in der Naturwissenschaft das Experiment ist, sagt
der heilige Thomas; sie sind der Boden, auf dem die Theologie immer wieder neues Leben gewinnt und an Einsicht
zunimmt. Und mehr noch als in der Naturwissenschaft
bedarf es hier der entschiedenen Rückbesinnung auf die
Vorgabe als die *Prinzipien* – Erkenntnislicht und Gegenstand –, in denen jede Konstruktion ihre Grundlage und
ihren Sinn findet.

In einer solchen Konzeption von Theologie sind Heilige
Schrift und Tradition also nicht in erster Linie Argument-
lieferanten zum Gebrauch der Schule in ihren strittigen
Fragen. Zuerst einmal muss die Vor-Gabe an sich geprüft,
gekannt, geliebt werden; alle weiteren Spekulationen
wären sinnlos, dienten sie nicht dazu, diese Vor-Gabe in all
ihren Dimensionen religiöser Intelligibilität immer besser
kennen zu lernen. Wenn man die Texte des heiligen Paulus ausschlachtet, um mit ihnen die physische Wirksamkeit der Sakramente zu beweisen, dann ist das widersin-
nig; die physische Kausalität ist nämlich nur ein Weg, den
Sakramentenrealismus eines Paulus richtig zu verstehen.
Wenn ich an der Einheit des Seins in Christus festhalte,
dann nicht, um die reale Distinktion von Essenz und Existenz auf einen Einzelfall anzuwenden, sondern um Nutzen zu ziehen aus der großartigen christologischen
Mystik der Alexandriner, diesem kostbaren Schatz der ori-
entalischen Kirchen. Das sind Binsenweisheiten, aber in
ihnen drückt sich die unumstößliche Ordnung der Werte

aus – ganz im Gegensatz zu den Schemata so vieler Handbücher, in denen es wahrhaftig so aussieht, als sei die
Bibel nur dazu da, den Schulmeistern Argumente zu liefern. Jenes berühmte Dreierschema, dem zufolge eine
theologische „These" in den Schritten *probatur ex Scriptu-*
ra, probatur ex Traditione, probatur ex Ratione bewiesen
wird, ist nichts als der Überrest eines Kompromisses zwischen positiver und spekulativer Theologie; in Wirklichkeit zwingt es beide Seiten in eine falsche Symmetrie, in
der der Primat der Vor-Gabe und die Leistung der Spekulation nicht ins rechte Verhältnis kommen. Vor allem aber
kompromittiert es den weit ausgreifenden, köstlichen
Prozess geistiger Aneignung der in den Texten und Institutionen lagernden unerschöpflichen Reichtümer christlichen Denkens und christlicher Erfahrung in Vergangenheit und Gegenwart, indem es ihn zu einem bloßen Lieferanten von „Beweisen" macht.

Nicht weniger unangemessen ginge jemand vor, der in der
Absicht, die neuen Errungenschaften der biblischen und
patristischen Theologie zu nutzen, seine Darstellung jedes
Artikels der *Summa theologiae* mit diesen positiven Daten
spicken würde. Das Anliegen mag ja berechtigt sein, aber
es verfehlt seinen richtigen Ansatzpunkt: Die Vor-Gabe der
Offenbarung ist nicht dazu da, das System des heiligen
Thomas abzustützen, vielmehr ist das System des heiligen
Thomas dazu da, nachvollziehbar Rechenschaft von
einem viel umfassenderen, reicheren Glauben abzulegen.[3]
Glücklicherweise ist das seinerzeit entworfene Projekt, die

---

[3] Schon 1905 forderte P. Lemonnyer in einer Notiz für P. Gardeil, der damals Mitglied der Studienkommission im Orden war, dieses Vorgehen solle vermieden
werden, weil es zwar scheinbar progressiv, aber an sich und für das Verständnis
des heiligen Thomas sehr ungeeignet sei.

Summa mit „positiven Anmerkungen" zu edieren, geschei-
tert; es wäre die verkehrte Methode gewesen.

Wenn die Vor-Gabe der Offenbarung, das im Glauben ver-
nommene und, angefangen mit der Inkarnation des Logos selbst, vielfach und auf vielerlei Weise ausgedrückte
Gotteswort, den oben beschriebenen Rang einnimmt,
dann kann man ermessen, wie sehr hier die Kritik fehl-
geht, wenn sie zuweilen gegen eine gewisse positive
Theologie und die ihr beigemessene Bedeutsamkeit
einwendet, es handele sich dabei um eine ausgedehnte
Forschungsreise durch die Geschichte, die nach langwierigen und verworrenen Untersuchungen doch nur zu
einer Sammlung von oft widersprüchlichen Zeugnissen
und Meinungen führe, welche zur Bildung eines organischen theologischen Wissens ungeeignet seien; sie könnten vielleicht „Autoritäten", aber keine wirkliche Erkenntnis und keine lebendige Nahrung für den Geist sein. Ein
solcher Einwand konnte sich nur gegenüber einer bestimmten Konzeption von positiver Theologie aufbauen;
und wenn wir näher auf ihn eingehen würden – er ist immerhin wichtig genug –, könnten wir am Ende aufzeigen,
dass er unter anderem dadurch veranlasst ist, dass die von
ihm vorausgesetzte Arbeitsorganisation auf dem Bruch
zwischen den beiden organischen Funktionen der Theologie basiert. Der Glaube allein ist der Ort, an dem sich,
psychologisch und wissenschaftlich gesehen, in der Einheit eines Wissens Dokumentation und Spekulation,
„Autoritäten" und „Vernunftgründe" verbinden können;
denn nur der Glaube ist in eins ansatzhaft wirklichkeits-
getreue Wahrnehmung der Gottesschau und Zustimmung zu autorisierten Propositionen. Wir kommen auf
unseren Ausgangspunkt zurück: Außerhalb des Glaubens

im streng übernatürlichen Wortsinn hat die Theologie keinen Bestand mehr; sie zerfällt buchstäblich in Stücke. *Im* Glauben dagegen entsteht und verstärkt sich beim Gläubigen ein unstillbares Verlangen, der *intellectus fidei*, der neben einer permanenten Wissbegier gegenüber der Vor-Gabe der Offenbarung eine religiöse und wissenschaftliche Wertschätzung für die sie bearbeitenden Disziplinen weckt – in der Tat ein gewaltiger Nährstoff, der sich nur mit fatalen Folgen auf ein paar Sätze und eine Liste von ehrwürdigen Texten reduzieren ließe; denn die „Orte" des Glaubenden und des Theologen sind ja gerade das gesamte positive Leben der Kirche, ihre Sitten und ihr Denken, ihre Frömmigkeit und ihre Sakramente, ihre Spiritualität, ihre Institutionen und Philosophien in der umfassenden Katholizität des Glaubens, in geschichtlicher Dichte und in allen Bereichen der Kultur.

Mea quidem sententia, sagte einst Melchor Cano, *nemo poterit omni laude esse cumulatus theologus, nisi et erit horum locorum omnium scientiam consecutus, et ex eis promptum expeditumque pararit ad argumentandum usum.*[4]

Und Noël Alexandre, eine der ruhmreichen Gestalten aus dem alten Saint-Jacques, schloss: *Hominem vero scholasticis tantum in quaestionibus versatum, in Scriptura vero sacra, in ecclesiastica Historia, in Conciliis, in doctrina Sanctorum Patrum peregrinum et hospitem, vix dimidiatum esse theologum concesserim; eum vero qui sit his in studiis rudis et inexercitatus, Ecclesiae pene inutilem fore, fidenter pronuntiabo.*[5]

---

[4] De locis theologicis, Lib. XIII c. 2.
[5] Historia ecclesiastica, Praef. ad tom. I, Paris 1676, LIV. Noël Alexandre war Regens von Saint-Jacques (1675 – 1685) und Dozent an der Sorbonne.

Le Saulchoir ist der Tradition von Saint-Jacques treu geblieben, und sein Regens P. Gardeil hatte dabei die Rolle Melchor Canos inne.

Glaube und Geschichte

Wenn sich somit die Offenbarung in der Zeit ereignet, im Lauf einer Geschichte, einer heiligen Geschichte, aber eben einer Geschichte, die sich um die historische Tatsache der Inkarnation ordnet, wenn daher die Vor-Gabe der Offenbarung im Zusammenhang geschichtlicher Tatsachen und Texte steht und sich in ihnen darstellt, dann sehen wir uns unmittelbar und unausweichlich mit folgender Frage konfrontiert: Unterliegt damit nicht die Theologie samt dem Glauben, der ihre Inspirationsquelle ist, einer historischen Kritik? Dies aber scheint den Glauben grundsätzlich dem Relativismus zu unterwerfen und folglich die Arbeit des Theologen in einen Zirkel einzuschließen, innerhalb dessen man dem „Wort Gottes" nicht wird begegnen können.

Das ist das ganze Problem der historischen Methode und der Einordnung von Exegese und Dogmengeschichte in das theologische Wissen. Man weiß, welche Besorgnis dreißig Jahre lang auf der Theologie lastete, und zwar nicht nur auf ihrer vom Modernismus erschütterten Orthodoxie, sondern auch auf ihrer inneren Funktionsweise und auf der Ausgewogenheit ihres Lehrprogramms. Da kommt uns der integrale Begriff des Glaubens und seiner Ökonomie zu Hilfe; er macht es uns möglich, mit ruhiger Gelassenheit dieses Problem zu behandeln und unser Programm zu entwerfen.

Die Theologie fließt aus dem Glauben hervor; sie entsteht in ihm und durch ihn. Sie entsteht aus seiner Schwäche, jener radikalen Schwäche, die für einen Geist darin besteht, dass er Aussagen zustimmt, die er nicht sieht und nicht messen kann. Aber sie entsteht auch aus seiner Kraft, jener Kraft, die in einer Gottes Besitz suchenden Seele die realistische Erkenntnis der geheimnisvollen göttlichen Realität, die *substantia rerum sperandarum*, wachsen lässt. Der Bogen des Glaubenden zielt nicht auf die dogmatische Proposition, sondern auf die göttliche Realität selbst, die in jener ihren menschlichen Ausdruck findet. Es geht also nicht um einen Begriff, um Formeln, um ein gedankliches System, sondern um Den, in dem ich den Inbegriff meines Lebens, das köstliche Objekt meines Glücks erkenne. Gewiss ist der Glaube auch Zustimmung zu Propositionen, den authentischen Ausdrucksmitteln seiner religiösen Erkenntnis; aber genau dies ist auch sein Elend, besser gesagt das zeitlich begrenzte Elend meines Geistes, der um die Wahrheit, auch die göttliche Wahrheit, nur in Sätzen weiß. Durch all das hindurch und dank all dem ist der Glaube Anhänglichkeit an das, was alle Wünsche erfüllt, was den einzigen Wunsch meiner Seele stillt: die Seligkeit, die im Geschenk Gottes selbst liegt.

Dieser Glaubensrealismus, den Paulus so kraftvoll zum Ausdruck bringt, wenn er vom Heil in der Erkenntnis Christi spricht, hat seinen psychologischen Grund in der strikt übernatürlichen Beschaffenheit des inneren Lichts, des „Wortes Gottes" in mir. Als Erkenntnis Gottes in mir ist das Wort Gottes ganz und gar Gnade, persönliche Gnade, die mich in den Dialog und in die direkte Begegnung mit Ihm versetzt, mit seiner geheimnisvollen Gegenwart, zu welcher der „neue Mensch" Zugang hat, nicht weil seine Vernunft ihn zu ihr hinführte, sondern weil Gott, *sibi ipsi testis,* sich offenbart. *Qui credit in Filium Dei, habet testimonium Dei in se* (1 Joh 5,10). Diese zugleich transzendente und innerliche Gegenwart ist weder an eine Predigt noch an eine äußere Manifestation gebunden; sie ist keine historische Behauptung, sie unterliegt nicht der Zeit, auch nicht in Bezug zu Christus, denn der Glaube ist ja genau jener Vorgang, der uns zu „Zeitgenossen" Christi macht, und das Evangelium gelangt zwar in der Kontinuität der Zeit zu uns, es ist aber, mit den Augen des Glaubens gesehen, kein Buch der Geschichte, sondern wahrhaftig das Wort Gottes.

Der Theologe ist ein Glaubender; er ist es in ganz besonderem Maße, und sein Tun vollendet sich formal im Geheimnis, in das sein Glaube ihn hineingeführt hat, und nicht in der Wiedergabe des Gotteswortes in menschlichen Worten. *Sacra doctrina,* „heilige Lehre" – so lautet die traditionelle Bezeichnung, die wir in ihrem eigentlichen Sinn verstehen müssen, würde diese Lehre doch sonst zu einer profanen Wissenschaft, zu einer Profanation des Wortes Gottes. Genau dies macht nun das dramatische Ringen des Theologen aus: dass er in der radikalen Gebrechlichkeit der Aussagen, in denen er sich ausdrücken muss, an der realistischen Wahrnehmung der geheimnishaften Realität Gottes festhält. Hier waltet eine Dialektik, in der seine Kraft über seine Schwachheit triumphiert – im Glauben. „Keine Theologie ohne Neugeburt." Die Theologie ist insofern also nicht mehr als der Glaube in seiner Bindung an die Zeit; sie wurzelt nicht in der Geschichte. Somit ist sie auch nicht der gelungene Abschluss einer günstigen historischen Kritik, auf deren Ergebnissen sich ein schönes Gerüst von „Vernunftgründen" errichten ließe. Die Vor-Gabe der Offenbarung, die theologische Vor-Gabe ist nicht „wissenschaftlich", sie ist offenbart. Und wenn ich eine Wissenschaft davon entwickle – welch kühnes Unterfangen! –, dann nicht durch eine Verstärkung ihrer historischen Grundlagen oder ihrer apologetischen Rechtfertigung; es wird vielmehr die „Wissenschaft eines Glaubenden" sein. Sonst, das sei noch einmal gesagt, haben wir nichts als ein Spiel der Vernunft an der Oberfläche eines Vorgegebenen, eine Theologie ohne Wort Gottes. Das ist ein ganz entscheidender Punkt, von dem sowohl die Organisation als auch der Geist der Theologie abhängen. In Le Saulchoir waren P. Gardeil und P. Lemonnyer, die genau wussten, worum es dabei ging, die meisterlichen Vertreter dieser kategorischen Position.

Aber kommen wir so jemals wieder zur Geschichte? Bezieht denn nicht, wie wir sagten, das Christentum seine Realität aus der Geschichte? Es ist das Paradox des Glaubens, der, *substantia rerum sperandarum*, seinen Gegenstand nur in einer überkommenen Lehre findet: *fides ex auditu*. Das Wort Gottes ist uns *in* Menschenworten gegeben, und der übernatürliche Glaube ist die Zustimmung zu bestimmten Sätzen, zu Propositionen. Die dogmatische Formel ist keine juridische Aussage, die der von ihr repräsentierten Offenbarung äußerlich bliebe; sie ist Inkarnation des Wortes Gottes in Begriffen. Und so sieht die Ökonomie dieses Wortes aus: Es spricht menschlich, es kleidet sich in die Formen des menschlichen Geistes und unterliegt dabei allen psychologischen Bedingungen der langwierigen, komplexen Begriffs- und Urteilsbildung, es ist gebunden an die Kategorien von Raum und Zeit, wie die Philosophen sagen, und verwickelt in eine Geschichte. *Cognita sunt in cognoscente ad modum cognoscentis:*

Nähme man Gott von diesem natürlichen Gesetz aller Erkenntnis aus, unter dem Vorwand, er sei ja transzendent oder er offenbare sich, dann bedeutete dies eine vorzeitige Kapitulation vor der geistigen Unordnung eines falschen Hangs zum Mystischen. Wenn der Mensch Gott wahrhaft erkennt, so erkennt er ihn auf menschliche Weise. So wenig wie die Gnade der Natur äußerlich bleibt, so wenig ist der Glaube eine der Vernunft oberflächlich aufgesetzte Erkenntnis: Er lebt in ihr. Und er wird durch diese seine Inkarnation nicht verunreinigt, so wenig wie der Logos herabgemindert worden ist, als er Fleisch wurde. Zweifaches theandrisches Geheimnis, besser gesagt einziges Geheimnis, das Geheimnis Christi, in dem Göttliches und Menschliches eins sind: eine einzige Person, in die mich der Glaube einpflanzt, der in die Geschichte eingetretene ewige Sohn Gottes, der Christus des Glaubens im Christus der Geschichte.

Dies ist der Knotenpunkt der gesamten Geschichte. Der Theologe kann nicht hoffen, seine Vor-Gabe außerhalb der Geschichte, außerhalb jenes *auditus fidei* zu finden, der sich von Abraham, *cui fides est reputata ad iustitiam*, bis zu Christus durch die Zeiten zieht und in der Kirche Christi durch die Jahrhunderte beständig wirksam ist. Es ist unverkennbar eine heilige Geschichte, aber sie wird durch ihre Heiligkeit nicht aus den Zusammenhängen herausgenommen, die den Stoff und das Gesetz der menschlichen Geschichte bilden; sonst handelte es sich ja gerade nicht mehr um eine Inkarnation; denn wenn den menschlichen Worten in ihrer Struktur durch das in dieser ankommende Wort Gottes Gewalt geschähe, wären sie dem Menschen unverständlich und würden ihm jenes Wort Gottes eben nicht mehr offenbaren. Das Wort ist wahrhaft

Mensch geworden, als es Mensch wurde, als es einer von uns wurde. Der Sohn Gottes ist eine Person der Geschichte. Folglich hat es der Theologe in seiner Arbeit mit Geschichte zu tun. Seine Vor-Gabe ist nicht das Wesen der Dinge, noch sind es deren überzeitliche Formen, es sind vielmehr Ereignisse im Zuge einer *Ökonomie* über der Ordnung der Wesenheiten, deren Verwirklichung an die Zeit gebunden ist wie die Ausdehnung an den Körper. Dies, und nicht die Abstraktion des Philosophen, ist die *reale* Welt. Der Gläubige, der gläubige Theologe erlangt kraft seines Glaubens Zugang zu diesem Projekt Gottes, und was er, *quaerens intellectum*, zu verstehen sucht, ist eine göttliche Initiative, eine Reihe von göttlichen, absoluten Initiativen, deren Wesenseigenschaft es ist, dass sie „grundlos" sind; das gilt sowohl für die allgemeinen Initiativen von Schöpfung, Inkarnation und Erlösung als auch für die besonderen Initiativen der gnadenhaften Prädestination: die ungeschuldeten, wohlwollenden oder schrecklichen Akte einer Liebe, die über ihre Wohltaten so wenig Rechenschaft abzulegen braucht wie über ihre Abwendung vom Menschen. Dies ist die wahre Welt der Kontemplation und des theologischen Verstehens; sie ist den Initiativen eines freien Gottes anheim gegeben, der nach seinem Gutdünken jene gewaltige und der Erklärung sich entziehende Geschichte lenkt, zu deren erster handelnder Person er sich selbst macht. Wenn es also ein Problem gibt, dann das, Vernunftgründe für diese grundlose Freiheit zu finden, diese Geschichte zu „rationalisieren", und nicht, sie an sich in ihrer unmittelbaren Ökonomie zu erkennen. Denn es ist ja klar, dass ihre Erkenntnis und die Erkenntnis des Wortes Gottes in ihr nach den Gesetzen der Geschichte erfolgt: Im Namen ebendieses Theandrismus des Wortes wird die

historische Kritik mit ihrem ganzen Apparat zum sachge-
mäßen Instrument der Theologie. Es bedurfte des Zusam-
mentreffens des modernistischen Historizismus und einer falschen Theologie des Glaubens, damit es um die
Wende zum 20. Jahrhundert zu einer solchen Verunsicherung im Studium der Offenbarungsquellen und in der Entwicklung der theologischen Methode kam. Der moder-
nistische Historizismus nahm die Geschichte zum Absolutum, während doch allein der Glaube absolut ist; die
falsche Theologie des Glaubens lehnte dessen substanzi-
ell übernatürlichen Charakter ab, weil sie fürchtete, für
einen mystischen Assensus könne sie keine rationale
Apologetik leisten. Für Gardeil dagegen, den intimen
Kenner der thomistischen Glaubenstheologie, war die
Geschichtswissenschaft nicht mehr die beargwöhnte Kritik, die man an die Kette legen und streng behandeln
musste, sondern die kostbare *ancilla*, die unter autonomer Handhabung ihrer Regeln und Werkzeuge dem Glauben die Mittel lieferte, sich enger an seine eigene Vor-Gabe zu binden, die dem Gang der Zeit anheim gegeben ist,
so wie es die fortschreitende Ökonomie der Offenbarung
will, und nicht wie es den logischen Deduktionen eines
neuplatonischen Logos entspricht.

Daher haben denn auch die Schüler von P. Gardeil in Le
Saulchoir mit vorbehaltlosem Vertrauen das Rüstzeug der
historischen Methode entgegengenommen, für deren
Recht P. Lagrange in seinen berühmten Vorlesungen in
Toulouse[6] eingetreten war und deren Ergebnisse er hoch
gelobt hatte. Das schönste Zeugnis für diese Begegnung
zwischen Theologie und historischer Exegese ist die Inspi-

---

[6] La Méthode historique, Paris 1903.

rationslehre, die der Methode von P. Lagrange zu Grunde liegt: Die Inkarnation des Wortes Gottes geschieht bis in den Buchstaben der Wörter hinein – „Verbalinspiration" sagt man dazu –, und der Buchstabe selbst mit seiner ganzen grammatikalischen, literarischen und historischen Faktur ist recht eigentlich der Zugangsweg zum Glaubensverständnis. Das Wort Gottes ist *im* menschlichen Wort: Die Kraft Gottes offenbart sich gerade in dieser Schwachheit. Bei der mühselig tastenden Forschung des Philologen, des Literarkritikers, des Historikers können sich Pannen ereignen, aber es sind eben nur Pannen; eine Methode baut nicht auf Pannen auf, sondern auf der objektiven Ordnung der Realität, in diesem Fall der Realität des übernatürlichen Glaubens *im* Geist und in der Sprache des Menschen. Der Doketismus in Bezug auf die Heilige Schrift ist nichts als die falsche Scham eines furchtsamen Glaubens in einer missratenen Theologie.

Auf dieser Basis nimmt die theologische Arbeit Gestalt an; die Komplexität ihrer Methoden wird dabei durch die Einheit des Glaubens nicht etwa gemindert, sondern vielmehr garantiert. Historische Exegese (Bibel) und Dogmengeschichte (Tradition) sind, wie ihr Name schon sagt, Fächer, die sich mit der Geschichte befassen, historische Fächer, die in aller Redlichkeit und Loyalität im Lichte ihrer Erkenntnismittel ihren eigenen Wegen und Verfahren folgen; biblische, patristische und symbolische Theologie dagegen, kurz gesagt: die positive Theologie, entwickelt sich im Licht des Glaubens und gemäß seinen Kriterien, da sie im eigentlichen Sinne Theologie ist. Der Weg von Athen nach Piräus ist eben ein anderer als der Weg von Piräus nach Athen. Wenn die Unterscheidung zwischen diesen Wegen als rein abstrakt und beider Abgrenzung als

schwierig erscheint, so deshalb, weil auch die Abgrenzung
von Göttlichem und Menschlichem in der Offenbarung –
der Offenbarung des Wortes Gottes mit ihrem Gipfel in der
Offenbarung des fleischgewordenen Logos – selbst schwer
zu vollziehen und auszudrücken ist. Die scheinbare Spitz-
findigkeit besagter Unterscheidung aber zählt zu jenen
methodologischen Abstraktionen, die in jeder wissenschaftlichen Arbeit die Seriosität der Forschung und die
innere Ordnung der Konstruktion garantieren. Die strenge
Disziplin der Formalobjekte ist einer der kostbarsten
Schätze der thomistischen Pädagogik; die so peinliche
Verwirrung der Ideen, Methoden und Terminologien, die
selbst bei den besten Theologen der modernistischen
Krise Platz griff, hat einmal mehr deutlich werden lassen,
wie gut und wichtig diese Errungenschaft ist.

Aus ebendieser Disziplin und ebendiesem Geist erwächst
die Freiheit, mit der Thomas sich der griechischen Wissenschaft geöffnet hat, entgegen dem philosophisch-religiö-
sen Konkordismus, der jene von der Christenheit fern halten wollte. Aus ihnen erwächst aber auch die stillschwei-
gende Selbstverständlichkeit, mit der ein Thomist von
heute den biblischen Konkordismus in all seinen Formen
eliminiert, und zwar nicht nur den wissenschaftlichen Konkordismus, der ein halbes Jahrhundert lang die Lehre in
den biblischen Fächern dominierte, sondern auch die
ethnologischen und historischen Konkordismen, Kompro-
misse, die für den Glauben ebenso schädlich sind wie für
die Wissenschaft. Es waren im 13. wie im 20. Jahrhundert
die gleichen Gegner, die darin Rationalismus witterten.

Wenn die Ökonomie der Offenbarung sich in der Zeit entfaltet, wenn folglich der Glaube seinen authentischen
Ausdruck in geschichtsgebundenen Aussagen findet,

dann kann der spezielle Fall – und um mehr handelt es sich dabei nicht – der Entwicklung des Dogmas innerhalb der neuen Heilsökonomie, im Leben der Kirche, den Theologen nicht beunruhigen: Er ist etwas ganz Normales, und in ihm kommt offenkundig das Inkarnationsprinzip zum Tragen. Wollte man ihn irgendwie vernebeln oder auf ein bloßes Spiel verbaler Äquivalenzen reduzieren, wie es ein gewisser „Fixismus" tat, dessen ganze Theologie in seiner antimodernistischen Einstellung bestand, dann würde man nicht nur die Geschichte misshandeln (und damit eine schlechte Vorbereitung auf eine gute Theologie leisten), sondern auch den Glauben falsch verstehen. In einer seltsamen, für ihren Irrtum bezeichnenden Umkehrung haben dieselben Theologen, denen das Gespür für die Transzendenz des Wortes Gottes im Glauben abhanden gekommen war, dessen absolute Geltung auf die Formeln übertragen, die es autoritativ zum Ausdruck bringen, und diese Formeln dann der Geschichte entzogen. „Eine unintelligente und niedrige Vorstellung von der göttlichen Wirklichkeit", lautet P. Gardeils hartes Urteil über jene Leute, die zuerst die Analogie der göttlichen Namen verworfen und danach die Ehrfurcht des Theologen vor dem Geheimnis verloren haben, das es in den menschlichen Worten zu wahren gilt, mögen diese Worte auch noch so kategorisch wahr sein. Der Glaube ist es, der sich als Absolutum der Geschichte entzieht, der reine Glaube in seinem eingegossenen Licht, und nicht das Dogma, der dem Lehramt gehorsame *auditus fidei*.

Es geht um reale Entwicklung in voller dogmatischer Realität und nicht nur in sekundären Ausläufern. Sollte sich etwa das *quaerens intellectum* des Glaubenden nur am Rande der Wahrheit vollziehen? Damit wird gewiss die

Relativität der dogmatischen Formeln bejaht; doch diese ihre geschichtliche Relativität ist nur die zeitliche Auswirkung ihrer metaphysischen Relativität. Mit derselben kraftvollen Gelassenheit wie einst Cajetan vertritt P. Gardeil diesen metaphysischen Relativismus, in dem sich die Lehre von der analogen Erkenntnis ausdrückt. Angesichts einer so tiefen Quelle der Relativität lassen sich die geschichtliche Kontingenz und die psychologische Komplexität der dogmatischen Formeln durchaus unaufgeregt betrachten.

Der Rückgriff auf die naturwissenschaftliche Evolutionstheorie zur Erklärung dieser Dogmenentwicklung, wie man ihn um 1900 unternahm, war mit einigen Schwierigkeiten verbunden; Begriffe und Theorien aus den naturwissenschaftlichen Fächern in ein geisteswissenschaftliches Fach zu übertragen ist ja immer ein heikles Unterfangen; in diesem Fall galt es die „Evolution" von ihrem biologischen Transformismus bzw. ihrer hegelianischen Metaphysik zu reinigen. Allerdings besaß das Bild vom biologischen Wachstum schon lange (seit Vinzenz von Lérins im 5. Jahrhundert) Bürgerrecht in der Theologie, und der Sinn für die Geschichte, auf den sich die hegelianische Spekulation stützte, hatte in der Christenheit, bei Möhler und Newman, bereits eine selten anzutreffende geistige Qualität gewonnen. Wir haben also ein schönes Beispiel von theologischer „exakter Wissenschaft" vor uns; es wird behandelt in einem der am besten durchgearbeiteten Kapitel von *Donné révélé*, aus dem dann einer von P. Gardeils Schülern, P. Marín-Sola, die Anregung für sein großes Werk *La evolución homogénea del dogma católico* (Valencia 1923) empfing. Gewiss kann man über die eine oder andere Schlussfolgerung der beiden Magistri diskutieren; sicher aber ist eines: Der Dogmengeschichtler findet in der These vom fortschreitenden Verständnis der Vor-Gabe der Offenbarung mit der Legitimation für seine Arbeit und seine Methode auch die theologische Begründung für seine historischen Beobachtungen. Msgr. Batiffol, der in schwerer Stunde, nämlich bei seiner Arbeit über die Entwicklung der Eucharistiedogmen, von P. Gardeils freundschaftlicher Kritik hatte profitieren dürfen, versicherte, er sei jetzt sehr erleichtert, weil aus der verengten Position befreit, auf die ihn gewisse Theologen festgenagelt hatten. Es war eine wichtige und tröstliche Begegnung zweier echter Meister, die genau wie die Disziplinen, deren Protagonisten sie waren, allzu lange nebeneinanderher gearbeitet hatten.

Man wird allerdings eines bemerken: Da dieses historische „Wachstum" des Dogmas die zeitliche Auswirkung eines Glaubens ist, der durch die Zeiten hindurch und in den Seelen, in denen das Wort Gottes spricht, identisch bleibt, sind die Krisen des christlichen Denkens, wenn man so sagen kann, letztlich jenseits der *successio temporum* auf der geistigen Ebene der *propinquitas ad Christum* (*Summa theologiae* II-II q. 1, a. 7, ad 2 et 4) zu beurteilen: als Geschichte der Seelen und nicht mehr nur als lineare Evolutionen, als persönlicher Glaube und nicht mehr nur als kollektive Erinnerung. Von dieser Art also ist die Geschichte der Dogmen, besser gesagt: die Geschichte der christlichen Lehre, die für den Theologen das Material der Tradition darstellt.

Wenn wir so das Leben der Kirche in seiner geschichtlichen und geistigen Realität als den Ort der Tradition begreifen, stoßen wir erneut auf jenen Primat der *Vor-Gabe* in der Struktur der Theologie, von dem wir bereits gesprochen haben. Genauso wenig wie die Heilige Schrift ist die Tradition ein äußerer „Beweis" für die Wahrheit dieses oder Jenes Dogmas: Sie ist selbst ihre eigene Wahrheit. Beweis ist sie insofern, als sie das in der Kirche sich durchhaltende christliche Bewusstsein ist und als Kriterium für die Beurteilung alles Neuen dient. Sie ist nicht nur ein Quantum von so genannten *credenda* gemäß einem empirisch-statischen Verständnis der *loci*, sondern Gegenwart des Heiligen Geistes in der sozialen Körperschaft der in Christus göttlich und menschlich verfassten Kirche. Sie ist nicht nur Konservierung ausgearbeiteter Dogmen, erreichter Ergebnisse oder getroffener Entscheidungen aus der Vergangenheit, sondern schöpferisches Prinzip von Intelligibilität und nie versiegende Quelle neuen Lebens. Die Tradition ist keine Ansammlung von einzelnen Traditionen, sondern ein Prinzip von organischer, durch das unfehlbare Instrument des Lehramts gesicherter Kontinuität in der theandrischen Realität der Kirche, des mystischen Leibes Christi.

Dies ist bis in die Wortwahl hinein[7] das Hauptthema der katholischen Tübinger Schule (Johann Sebastian Drey, Johann Adam Möhler), und in Le Saulchoir macht man gern Anleihen bei diesen Meistern der katholischen Erneuerung im Deutschland des 19. Jahrhunderts, während man sich für die in die gleiche Richtung gehende Theologie der Offenbarung und des Glaubens auf Matthias Josef Scheeben bezieht. Mit ihnen weisen wir den abstrakten Intellektualismus der Aufklärung und seine Indifferenz gegenüber der Geschichte zurück; beides sind ja eng zu-

---

7 Vgl. E. Vermeil, J. A. Möhler et l'Ecole catholique de Tubingue (1815–1840), Paris 1913. Siehe auch eine großartige Passage von Drey, zit. in: Revue des sciences philosophiques et théologiques (1937), 710–721.

sammenhängende Sünden, die an der modernen, in zahlreichen, auch thomistischen Handbüchern verfestigten Scholastik nicht spurlos vorübergegangen sind.

In seiner eigenen Zeit präsent sein, sagten wir. Darum geht es jetzt. Theologisch gesprochen heißt dies, präsent zu sein für die Vor-Gabe der Offenbarung im gegenwärtigen Leben der Kirche und in der aktuellen Erfahrung der Christenheit. Nun ist aber die Tradition *im Glauben* nichts anderes als die Präsenz der Offenbarung selbst. Daraus lebt der Theologe: Seine Augen sind weit geöffnet für die Christen in ihrem Leben und Tun.

So betrachten wir mit einer heiligen Neugierde:

- die missionarische Expansion, deren tiefster Sinn sich auch gegen so viele geistige und institutionelle Verengungen bekundet und der noch einmal geschürt und gestärkt wird von dem Gefühl für die neuen Dimensionen der Welt, für ihre Solidarität, ihre Autonomie, ihre nach dem Ende des Kolonialismus zur Mündigkeit erwachten Völker;

- den Pluralismus der menschlichen Kulturen, deren fremdartiger Reichtum die Christen vor Ort zwar vielleicht bedrückt, sie aber auch mit der Transzendenz des Christentums die göttliche Zärtlichkeit der Gnade erfahren lassen kann;

- die einstige Herrlichkeit des Orients, die der Islam dem Evangelium entrissen hat, die die Schismen verschleudert haben, deren Verlust aber für die Kirche, die seither dazu neigt, sich in ihrer abendländisch-lateinischen Form abzukapseln, eine offene Wunde bleibt;

- das erregende und nicht zu unterdrückende Verlangen nach Einheit, das noch fieberhafter als die katholische Christenheit die dissidenten Christen umtreibt, deren

„ökumenische" Bewegungen Zeugnis für die *Ecclesia una sancta* ablegen;

– die soziale Gärung, die der Zugang der Volksmassen zum öffentlichen Leben und zu seiner Gestaltung erzeugt hat, dieses großartige Schauspiel, das unter der kommunistischen Perversion zur Tragödie gerät, das wir aber einschließlich seiner Denunziation von Unwissenheit und Gleichgültigkeit unter den Christen ernst nehmen müssen; die seither aufgeworfenen zahllosen Probleme der praktischen Moral und das große Problem einer im Entstehen begriffenen neuen Christenheit, des mystischen Leibes, in dem die Arbeit den ihr zukommenden geistigen Rang einnehmen und der Mensch angemessene Lebensbedingungen zwischen Reichtum und Elend genießen wird;

– und mitten in alldem die streitende Kirche, die in dieser neuen Welt zu neuer Jugend findet dank einer neuen Methode der Neulandgewinnung, in der die Laien am hierarchischen Apostolat teilhaben, indem sie das Zeugnis für Christus und das Leben Christi in ihr Milieu hineintragen – als Weiterführung der Inkarnation, in der die ganze menschliche Gesellschaft mit ihren Berufen und Klassen institutionell in die vielfältigen Bewegungen des Laienapostolats, die typische Struktur dieser neuen Christenheit, hineingenommen wird.

Dies alles sind *loci theologici in actu* für die Lehren von Gnade, Inkarnation und Erlösung, wie sie in den Enzykliken der Päpste ausdrücklich vorgelegt und beschrieben werden. Ein schlechter Theologe, wer sich, vergraben in seine Papiere und scholastischen Disputationen, diesem Schauspiel nicht öffnet, und zwar nicht nur in frommem Herzenseifer, sondern auch in seiner formalen wissenschaftlichen Tätigkeit, ist dies doch theologische Vorgabe und Aufgabe in der *Präsenz* des Heiligen Geistes.

Ein Segment dieser theologischen Vor-Gabe und Aufgabe möchte die Sammlung *Unam sanctam* registrieren, bearbeiten und aufbauen: Die ekklesiologischen Kategorien, von denen wir, zumindest im laufenden Lehrbetrieb, zehren, haben immer noch etwas gemeinsam mit den Traktaten der „Kontroverstheologen" des 17. Jahrhunderts; diese Hauptwerke der antiprotestantischen Polemik kreisen freilich um Konfliktpunkte und orientieren sich an Gegebenheiten, die sowohl in der Kirche als auch im menschlichen Kontext weithin überlebt sind. Die Kirche ist ja heute, vielleicht mehr als je zuvor, um Katholizität und Einheit bemüht.[8]

Le Saulchoir hat in den vergangenen Jahren die Freude und das Privileg gehabt, regelmäßig Seelsorger und Führungspersönlichkeiten der JOC (Jeunesse Ouvrière Catholique) begrüßen zu können, die dieses so ganz mit Büchern und überzeitlicher Theologie beschäftigte Kloster zu einem ihrer beliebtesten und markantesten geisti-

---

[8] In genau dieser Perspektive und aus einer offenkundigen Erfordernis der theologischen Methode haben wir im Lehrstoff den eigentlichen Kirchentraktat von der Frage nach der Kirche als Zeugin und Verwahrerin der Offenbarung getrennt. Hier geht es um ein Problem der Glaubwürdigkeit, der mit Autorität ausgestatteten Darstellung und Weitergabe des Glaubens in einer äußeren Institution, dort um das Geheimnis des in seinem mystischen Leib bleibend gegenwärtigen Christus; hier um ein Kapitel aus *De revelatione*, dort um eine unmittelbare Folge der Inkarnation Christi und seiner Gnade, und genau da hat der Traktat *De Ecclesia* seinen Platz. Es heißt das theologische Verständnis von Kirche gründlich verfehlen, wenn man sie innerhalb der „Apologetik" behandelt – eine der schlimmsten Unausgewogenheiten der modernen universitären Lehre; bei aller stundenplanmäßigen Überausstattung, die die ratio studiorum für *De Ecclesia* vorsah, kam es in Wirklichkeit letztlich zu einem Verschwinden der übernatürlichen Bedeutung der Kirche. Schon 1905 richtete P. Lemonnyer eine Notiz an die Studienkommission im Orden, in der er diese theoretische und pädagogische Konfusion anprangerte.

gen Zentren gemacht haben. Für „Theologen" ist diese spontane Begegnung mit der JOC und ähnlichen Gruppierungen ein unschätzbares Zeichen ihrer eigenen *Präsenz*; sie sehen darin einen Beleg für die christliche Authentizität und die übernatürliche Vitalität ihrer nüchternen theologischen Arbeit.

Vom selben Schlage und von vergleichbarer Bedeutung ist ihre lehrinhaltliche und apostolische Verbindung mit ihren Brüdern, die sich ins Getümmel stürzen (zu ihrer publizistischen Arbeit gehören unter anderem die Zeitschriften der „Dominikaner von Juvisy", so genannt nach ihrem einstigen Domizil). Der in die Kontemplation versunkene Mensch Platons hat nicht etwa seinem Glauben den Abschied gegeben, wenn er sich wieder den Sorgen des Gemeinwesen zuwandte; der Theologe seinerseits hat erst recht Grund, sein Licht mitten in die Welt zu tragen, und er kann es tun, ohne seine Kontemplation verloren zu geben. Die Teilung der Arbeit verlangt auch die Aufteilung in Arbeitsgruppen; doch die geistige Solidarität und die Identität der Ausbildung haben dadurch nicht gelitten. Das schwierige Unterfangen, Tag für Tag die Weltereignisse in christlichem Licht zu sichten und zu beurteilen, lässt sich nur verwirklichen mittels eines Glaubens, der sich in theologischem Wissen Gestalt gegeben hat; und freudig erkennen wir in einem solchen Unterfangen inmitten aller Wechselfälle und gehässigen Anfeindungen die Entschlossenheit unseres Vaters Dominikus und die Klarsicht unseres Lehrers Thomas wieder.

Die Christenheit des 20. Jahrhunderts ist, genau wie die des 13., ein großartiges Arbeitsmilieu für die Theologie.

Die theologische Vernunft

Dies also ist die Norm des theologischen Wissens und folglich auch die Grundlage des Zyklus positiver Disziplinen im Dienst dieses Wissens: die primordiale Vor-Gabe der Offenbarung. Dabei geht es nicht nur um den dialektischen Primat einer Aussage, sondern um *Präsenz*, mit der ganzen nicht auszuschöpfenden Realität und der stillen Beharrlichkeit, die dieses Wort beinhaltet – für den, der zugestimmt hat. In dieser Präsenz lässt sich jetzt „konstruieren".

Damit stehen wir vor dem entscheidenden Schritt: Der Theologe ist derjenige, der es wagt, in Menschenworten das Wort Gottes zu sprechen. Nachdem er dieses Wort gehört hat, besitzt er es, genauer gesagt: Es besitzt ihn, so dass er durch es und in ihm denkt, dass er es denkt. Die Gabe Gottes ist so sehr Gabe, dass sie menschliches Eigentum wird: Der Glaube ist ein habitus. Er ist kein außergewöhnliches Charisma, das unsere menschliche Denkweise transzendierte, er ist Inkarnation der göttlichen Wahrheit im Gewebe unseres Geistes. Er ist nicht reines Vertrauen – die fiducia Luthers –, sondern eine „Tugend", die in uns eingesenkt ist wie ein Vermögen in die Natur eines Menschen. Der Glaube wohnt in der Vernunft, die dadurch zum θεολόγειν befähigt wird. Es ist nicht etwa so, dass der „alte Mensch" seiner Ohnmacht angesichts des göttlichen Geheimnisses entkäme; der Theologe ist vielmehr der „neue Mensch". Wenn er rational-wissenschaftlich den Inhalt seines Glaubens bearbeitet, hört er nicht auf, dieser neue Mensch zu sein, vielmehr realisiert er ihn vollends. Indem der Glaube die Theologie hervorbringt, folgt er damit nur der Logik seiner Vollendung.

Die Logik nimmt also nun ihren Lauf. Gemäß den vorzusehenden Unterscheidungen und mit der notwendigen Umsicht werden alle Techniken der Vernunft im Rahmen und zum Nutzen der mystischen Erkenntnis des Glaubenden eingesetzt: Begriffszerteilung, vielfältige Analysen und Urteile, Definition und Division, Vergleich und Klassifizierung, Folgerung, argumentativer Erklärungsversuch und schließlich, ja, fast hätte ich gesagt: vor allem, die Deduktion, insofern nämlich die Deduktion das charakteristische Verfahren der Wissenschaft ist, in dem der Prozess der Rationalisierung seine eigentliche Effizienz erreicht. Das alles ist gewiss Zeichen der Unzulänglichkeit, aber in ihm drückt sich auch rationale Unerschrockenheit aus: Zur „theologischen *conclusio*" gehört genauso wie dieser Mangel auch diese Kühnheit. Es ist die Dialektik des Glaubens, in der seine Kraft in seiner Gebrechlichkeit triumphiert. Dasselbe Gesetz, das uns vorhin eine Inkarnation des Gotteswortes in Menschenworten im Lauf der Geschichte annehmen ließ, nötigt uns jetzt, die in dieser Inkarnation implizierte Erkenntnisordnung vollumfänglich zu akzeptieren: Die Theologie ist gebunden an das theandrische Geheimnis des Wortes Gottes, des Fleisch gewordenen Logos. Nur dort kann sie ein so kühnes Vertrauen in die Kohärenz von Glauben und Vernunft finden. Wir glauben also mit Thomas von Aquin an die theologische Vernunft, an die theologische Wissenschaft, an den *intellectus fidei* im vollsten Sinn des Wortes, der beiden Wörter – gegen die einander widerstreitenden, aber symmetrischen Einstellungen der „Positiven" und der „Mystiker", die beide der im Glauben als ihrer Heimstatt verorteten Vernunft misstrauen, und gegen die Position jener „Scholastik", die letztlich auf einer Verwechslung der

Offenbarung mit der Theologie aufgebaut ist. Nach dem, was wir über die Transzendenz des Gotteswortes und über den übernatürlichen Charakter des Glaubens gesagt haben, brauchen wir uns vor einer solchen Verwechslung nicht zu schützen; wohl aber halten wir, nachdem diese Verwechslung als solche benannt ist, die Homogenität von theologischer Wissenschaft und Vor-Gabe der Offenbarung fest. Die Einführung von Vernunftaussagen in die gedankliche Arbeit am Glauben ist keineswegs das Unheil, von dem man gern spricht. Wir fußen auf der Einheit eines Glaubens, in dem die Transzendenz des göttlichen Wortes und die menschliche Realität zusammengehören, und lehnen deshalb jeden Bruch zwischen *Mystik* und *Theologie* genauso ab wie den zwischen *positiv* und *spekulativ*. Wir verfallen nicht in denselben Fehler wie manche Thomisten des 17. Jahrhunderts, die glaubten, sie könnten durch Extrapolation der spekulativen Theologie eine *theologia mystica* entwickeln. Diese Leute hatten zuerst die religiöse Dimension der Theologie aus dem Blick verloren, und genauso hatten sie (es sind nämlich dieselben!) der so genannten positiven Theologie jene immer neue Rückbesinnung auf die Vor-Gabe überlassen, durch welche allein die theologische Wissenschaft je neue Kraft gewinnen kann. Einer der bedeutendsten Kommentatoren des heiligen Thomas benennt diese Aufspaltung ganz offen. Unsere ganze Überzeugung und unser ganzes Bemühen gehen dahin, denen entgegenzutreten, „die davon träumen, in der Theologie zwei Bereiche zu unterscheiden: den einen rein intellektualistischen und scholastischen, gespickt mit Formeln, die das religiöse Leben vollständig ignorieren kann; den anderen, positiven und mystischen, in dem sich das übernatürliche

Bedürfnis an der dank der positiven Theologie authentisch erkannten Offenbarungsvorgabe abarbeitet und einen letztlich religiösen Dogmatismus entwickelt, eine Art mystischer Theologie, die in keiner Weise Rücksicht auf die scholastische Theologie nehmen muss" (A. Gardeil).

Die Theologie, der Glaube im Prozess theologischen Verstehens, ist wirklich und eigentlich ein Träger spirituellen Lebens. Theologie kann man nicht treiben, indem man bloß *corollaria pietatis* an abstrakte Thesen anfügt, die man von ihrer objektiven und subjektiven *Vor-Gabe* abgekoppelt hat, sondern nur, indem man in der tiefinneren Einheit der theologalen Ordnung verbleibt.

Die theologische Wissenschaft besteht also nicht aus einer Sammlung von mehr oder weniger äußerlichen und gegenüber der Vor-Gabe der Offenbarung indifferenten „Meinungen", die man nach seinem Gutdünken vertreten kann, wenn dabei nur die Orthodoxie unangetastet bleibt. Das wäre ein armseliger Einklang aus Verrechtlichung des Glaubens und Geistesleere. Nein, die Vernunft, die theologische und theologale Vernunft ist mit all ihren Ressourcen, darunter auch ihrem logischen Denkvermögen, im Spiel. Darum haben die Philosophie und die Philosophien – die organisierte Vernunft – eine so große Rolle in der Geschichte des christlichen Denkens und der christlichen Theologie und Spiritualität gespielt. Wer den scholastischen „Rationalismus" fürchtet, braucht nur zu schauen, wie Klemens von Alexandrien, Origenes, Dionysius, Augustinus, Anselm, Bonaventura, Thomas von Aquin und Duns Scotus gelebt und gedacht haben. Manche wollen allerdings im Zuge einer Geschichte der Spiritualität, wie sie sagen, diese Lehrer um ihre Philosophie purgieren, weil sie eine platonische oder aristotelische

Befleckung ihrer christlichen Reinheit darstelle. Es ist immer wieder derselbe Irrtum, der meint, die Theologie sei auf Grund ihres begrifflichen Charakters etwas dem Glauben Äußerliches und bilde ihre Begriffe geradezu ohne den Glauben; dass sie dessen Frucht ist, die sich der Inkarnation dieses Glaubens in einem menschlichen Geist verdankt, wird dabei übersehen.

Desgleichen gibt es eine *Wissenschaft* von der christlichen Vollkommenheit. Genau darin besteht recht eigentlich die Moraltheologie, und nicht in einer Sammlung von Gewissensfragen, die sich auf Grund von Geboten stellen und anhand der äußerlichen Probabilitätsgrade der angeführten Autoritäten gelöst werden. Solchem vernunft- und seelenlosen Legalismus kehren denn auch sehr rasch die spirituell Orientierten und die ernsthaften Christen überhaupt den Rücken.

Wir widmen uns also mit religiöser Hingabe der Deduktion der göttlichen Eigenschaften, der Konstruktion des Trinitätstraktats vom Begriff des Hervorgangs aus, der Kenntnis einer sakramentalen Ordnung, die die typisch menschlichen Grundvollzüge in ihre ausdrucksstarke Symbolik einbezieht, der moralischen Analyse des übernatürlichen Gnadenlebens, das theologale Tugenden und Gaben des Heiligen Geistes entsprechend der psychischen Ökonomie des menschlichen Subjekts verstehbar macht, usw. Es geht um das Wunder des göttlichen Lichts, das Besitz vom Geist ergreift. Da gibt es nichts von einem einschnürenden dialektischen Gerüst, sondern nur die innere Zurüstung, die sich der Glaube in seiner ganz göttlichen und ganz menschlichen intellektuellen Gesundheit selbst schafft. Er wagt es, in seiner engen Verbindung mit der Wissenschaft von Gott nach den „Gründen" für die Werke Gottes zu forschen und so ein Verständnis seines Geheimnisses zu gewinnen. *Fides quaerens intellectum.*

Wenn die Vernunft der Theologie dermaßen innerlich ist, dann würde man ihre ganze Arbeit außerordentlich verkürzen, wollte man sie lediglich als Verteidigung der Dogmen anlegen und aus ihren rationalen Gehalten ein nur äußeres Bollwerk errichten. Das 19. Jahrhundert ist dieser apologetischen Inflation erlegen, die ja oft das Gegenstück zu einer inneren Armut der Theologie ist. Gegen diesen Extrinsezismus denken wir, dass die Vernunft ergiebig in heiliger Lehre, dass sie Schöpferin heiliger Lehre ist. Die „christliche" Struktur und Qualität der *theologischen* Begriffe von Sakrament, Instrumentalursache, Person, Zeugung, Habitus, Gnadengaben usw. lässt sich auch ohne unangebrachte Dogmatisierung würdigen.

Wir glauben an die theologische Wissenschaft. Wir glauben sogar an die theologischen Systeme. Denn in der Theologie tendiert die Wissenschaft genauso wie anderswo zur Systematisierung, mit der sie den Beleg dafür liefert, ob es ihr gelungen ist oder nicht, die *Vor-Gabe* zu erfassen, um die zu wissen sie beansprucht. Und wenn es wahr ist, dass am Anfang des „Systems", seiner Leistungen wie auch seiner Relativität die Inadäquatheit von Geist und *Vor-Gabe* steht, dann gibt es keinen Bereich, in dem die Systembildung größere Berechtigung hätte als in der Theologie, denn gerade dort ist der menschliche Verstand radikal und restlos der *Vor-Gabe* inadäquat.

Von daher der Nachdruck, mit dem P. Gardeil theologische Wissenschaft und Systeme unterschieden hat. Hier liegt der kritische Punkt seiner Methodologie. Aber auch der exakte Gleichgewichtspunkt, an dem sich das Urteilsvermögen des Theologen bewährt, nämlich in der Verknüpfung jener beiden Größen, denen seine Überzeugung und seine Anstrengung gilt: Primat der Vor-Gabe und spekulative Konstruktion. Es ist noch immer der Gläubige, der sich abarbeitet, und seine Arbeit bleibt in hohem Maß religiös qualifiziert, im Raum religiöser Intelligibilität. Es ist kein eitles Spiel, wenn man die Wirksamkeit der Sakramente mittels einer Theorie von der Instrumentalursache begründet, es ist keine wohlfeile Hypothese, wenn man die gesamte theologische Vorgabe um den Seinsbegriff oder um den Begriff des Guten herum zu organisieren sucht. Es ist gute, solide Arbeit, Arbeit an der Wahrheit. Der Gläubige weiß aber, dass sein Glaube jetzt nur noch in und nach rationalen Optionen tätig ist; die Instrumente der Spekulation sind zu entscheidenden Faktoren dieser Intelligibilität geworden, dergestalt, dass ihre Schlussfolgerungen nur der menschlich-fragile Kontext des Mysteriums, die Brechung des Glaubens in einem autonomen Denken sind.

Genau dann, wenn der Theologe dieser Wissbegier nachgibt, fühlt er sich ihr gegenüber frei, und während er durchaus eigenständig seine Schlussfolgerungen zieht, hütet er sich davor, das Wort Gottes darein zu verwickeln. Daher seine freie Einstellung gegenüber den von ihm genutzten Philosophien, mit der er in einem System auswählt, was ihm passend scheint, dieses Element abschwächt, jenes dagegen verstärkt; diese Freiheit geht so weit, dass er den Umfang und das Verständnis selbst der am eindeutigsten definierten Begriffe modifiziert – ein intellektueller Pragmatismus, der den Philosophen schockieren mag, hier aber von einem Glauben zeugt, der Herr über seine Werkzeuge ist. So sind wir denn sehr sensibel für die schon in ihrem inneren Gefüge liegende Differenz zwischen philosophischer Ausarbeitung, Pädagogik und Kultur einerseits und einem Argument oder einer Konstruktion der Theologie andererseits. Ein Theologe kann sich Aristoteliker nennen, und er ist es wirklich kraft seiner Auffassung von der Psychologie des Geistes und vom Primat der Seinsmetaphysik; aber er ist es nur unter dem Vorbehalt einer außeraristotelischen spirituellen Grundannahme und vorbehaltlich einer ständigen Offenheit für die möglichen Ressourcen anderer philosophischer Systeme und Mentalitäten.

Diesen Relativismus in der Konstruktion der Theologie zu wahren, heißt aber nun keineswegs, in Eklektizismus zu verfallen und in der Rivalität der theologischen „Schulen" lediglich eine etwas widerwillige Gewähr für freie Meinungen zu sehen, die einander korrigieren und damit dem sie übersteigenden Dogma dienen. Wir glauben an die theologische Vernunft; der Eklektizismus dagegen ist deren Niedergang. Die Relativität der Systeme drückt sich gerade in ihrem ungleichen Intelligibilitäts- und damit Wahrheitswert aus, sei es dass sie den Gesamtkomplex der Vorgabe weniger gut ordnen, sei es dass ihre Konstruktion weniger organisch ist, sei es dass sie dieselbe von beschränkten oder zu wenig ausgefeilten Einsichten aus entwickeln. Das alles sind theologische „Irrtümer" und nicht bloß weniger probable Meinungen. Die göttliche Wahrheit des Glaubens wird durch diese systematischen Disqualifikationen vielleicht nicht beeinträchtigt; in ihrer menschlichen Ausstrahlung indes kommt sie zur Geltung nur nach dem Maß des Systems, das sie auszudrücken beansprucht. Und hier verleihen Universalität, Kohärenz und Grundeinsichten dem thomistischen System einen überlegenen Rang. Wir sind Thomisten. Und zwar aus Ver-

nunftgründen. Wir würden sogar sagen: von Natur aus, da
wir auf Grund unserer dominikanischen Berufung gleichsam Thomas-gebürtig sind.

Letztlich sind die theologischen Systeme nichts anderes als
der Ausdruck von Spiritualitäten. Darin liegen ihre Bedeutung und ihre Größe. Sollte man die theologischen Divergenzen innerhalb der Einheit des Dogmas erstaunlich finden, so müsste man sich wohl zuerst darüber wundern,
dass ein und derselbe christliche Glaube eine solche Vielfalt von Spiritualitäten hervorbringen kann. Größe und
Wahrheit von Bonaventuras oder Duns Scotus' Augustinismus sind schon grundgelegt in der spirituellen Erfahrung
des heiligen Franziskus, der sich hierin als beseelende Kraft
in seinen Söhnen erwies; Größe und Wahrheit des Molinismus wurzeln in der spirituellen Erfahrung der *Geistlichen
Übungen* des heiligen Ignatius. In ein System tritt man nicht
wegen der logischen Kohärenz seiner Konstruktion oder
wegen der Wahrscheinlichkeit seiner Schlussfolgerungen
ein; man wird dort gleichsam hineingeboren – durch die
Hauptintuition, um die unser spirituelles Leben kreist, und
das Wirklichkeitsverständnis, das sie erschließt. Eine Theologie, die diesen Namen wirklich verdient, ist eine Spiritualität, die rationale Instrumente gefunden hat, welche ihrer
religiösen Erfahrung adäquat sind. Es ist keine Laune der
Geschichte, wenn Thomas in den Orden des heiligen Dominikus eingetreten ist; und es ist kein unvermittelter Gna-
denerweis, dass der Orden des heiligen Dominikus Thomas
von Aquin aufgenommen hat. Institution und Lehre sind
eng miteinander verbunden – durch die Inspiration, die
beide in einem neuen Zeitalter beseelte, und durch ihrer
beider Ziel, die Kontemplation, die den Eifer, die Methode,
die Reinheit und die Freiheit ihres Geistes garantierte.

Wenn unsere Anhänglichkeit gegenüber der Theologie des heiligen Thomas so groß ist, so ist schon auf Grund ihrer inneren Art ganz klar, dass sie das Wort Gottes nicht kompromittiert: Das ungeschuldete Offenbarungswort bleibt frei von aller Erdenschwere. Die Systeme können innerhalb der theologischen Wissenschaft wahr sein, für das Dogma sind sie nicht verbindlich. Für den Thomismus, dessen ganzes ursprüngliches Bestreben es war, dem menschlichen Verstand in der Christenheit Geltung zu verschaffen, konnte es kein schlimmeres Missgeschick geben, denn als „Orthodoxie" behandelt zu werden.

Auf Grund unserer Vorstellung vom Glauben, von seiner absoluten Übernatürlichkeit und seiner radikalen Unabhängigkeit nehmen wir schärfer als andere im Zentrum dieses Glaubens, sowohl in der schlichten Bejahung als auch in der mystischen Beschauung, jenen Widerstand gegen die Systematisierung wahr, der den Theologen dazu drängt, sich nicht in den Ergebnissen seiner Dialektik häuslich einzurichten, sondern sich in Furcht und Demut ununterbrochen selbst zu revidieren. Bei manchen Leuten entsteht der trügerische Schein einer Theologie als in sich geschlossener Wissenschaft: Da ist nichts mehr von Offenheit, von Bemühen um Fortschritt, von spiritueller Läuterung. Wir glauben zutiefst an den Fortschritt der Theologie, und zwar eben wegen der Sehnsucht des Glaubens, die jene überhaupt erst zum Leben erweckt. Doch dieser Fortschritt besteht nicht in der Nutzung eines übernommenen Systems, in der Wucherung immer neuer Schlussfolgerungen und einer immer subtileren Dialektik; er hat seine Quelle im tiefsten Inneren theologischer Arbeit, da, wo in der unerschöpflichen Fruchtbarkeit der Vor-Gabe jenes durch nichts zu stillende Verlangen des Glaubens erwacht, das nichts weniger erstrebt als die beseligende Gottesschau – und nicht etwa irgendeine Schlussfolgerung. Der naturgemäße Ort der *inventio*, des Findens und Erfindens, das unter den uralten Konstruktionen unentwegt wirksam ist, ist also wissenschaftlich und religiös jene kontemplative Erkenntnis, die durch die unablässige Rückbesinnung auf die Vor-Gabe immer neu gespeist und von der Hoffnung auf die Gottesschau unter Mühen getragen wird.

Die Kontemplation ist für den Theologen also kein Gipfel jenseits seines Studiums, den er in einem Überschwang der Begeisterung hier oder da erklimmt, als könnte er damit gleichsam seinem Gegenstand und seiner Methode entkommen. Sie ist sein naturgemäßes, konstitutives Milieu, in dem allein wissenschaftliche Organisation und innovative Findung und Erfindung fruchtbar bleiben. Hier waltet die ganz einfache Einheit der Theologie, in der die aristotelischen Kategorien des Spekulativen und des Praktischen nicht mehr greifen: Vom Anfang bis zum Ende ihres Weges ist sie *quaedam impressio divinae scientiae*. Der heilige Thomas setzt in Ausübung der theologalen Tugend des Glaubens heilige Lehre und kontemplatives Leben gleich. Dazu genügt es, wenn man die Kontemplation nicht auf geistliche Übungen reduziert und das geistliche Leben und die Theologie nicht als zwei heterogene Größen behandelt. Dies genau ist das Gesetz des Dominikanerordens, und sein authentischer Ausdruck ist uns in der Heiligkeit und in der Lehre des Thomas von Aquin geschenkt.

Daher zeigt die Theologie-im-Fortschritt jene Zweckfreiheit, jene geistige Freiheit gegenüber ihren eigensten Werkzeugen, jene Zwanglosigkeit in den intensivsten Be-

gegnungen mit den Philosophien und Kulturen, jene un-
ermüdliche schöpferische Tätigkeit in den straffsten Or-
ganisationen, jenes neue Leben im alten Menschen, jene
Kühnheit im rationalen Hochgefühl des Glaubenslichts.
Die Theologie ist kühn, weil sie in der Nichtverzweckung
ihrer Kontemplation rein ist; und sie darf alle Kühnheit
besitzen, wenn sie nur rein ist – und Wissenschaft der Kin-
der Gottes heißen kann.

4. Die Philosophie

Von der Theologie zur Philosophie zu schreiten oder den
umgekehrten Weg zu nehmen, das bedeutet auf der
Ebene des Wissens von einer Welt in eine andere überzu-
gehen. Wenn es einen Punkt gibt, an dem sich die Unterscheidung der Methoden, an denen uns so viel liegt, bemerkbar macht, dann liegt er hier, denn mit dem Schritt
von der Philosophie zur Theologie gelangen wir nicht einfach von einem Intelligibilitätssystem zu einem anderen,
sondern wir verlassen die rationale Ordnung und das
System der Wissenschaften. Daher scheint uns eine häufi-
ge Erfahrung bei unseren Studierenden höchst bedeut-
sam; wenn sie nämlich nach dem Philosophiezyklus mit
der Theologie anfangen, haben sie das Gefühl, dass jetzt
etwas Neues beginnt, dass es zu einer methodologischen
Kehre kommt; und dieses Empfinden, das bei ihnen eher
spontan als reflektiert auftritt, ist um so stärker, als ihre
erste theologische Arbeitsanstrengung gern ihrer religiösen Erfahrung gilt, also einer ganz von Leidenschaft getragenen „Vor-Gabe", während ihre menschlich-weltliche
Erfahrung allzu summarisch blieb, um einen gewichtigen
Gegenstand der philosophischen Disziplinen abzugeben.

Philosophie und Theologie

Es muss also eine pädagogische Diskontinuität zwischen den beiden Studienzyklen geben, und es gibt sie auch, denn es gibt eine objektive Diskontinuität. Man gleitet nicht einfach von der Metaphysik zur Theologie „hinüber". Noch einmal: Es ist ein schwerer Irrtum, Metaphysik – Theodizee – Theologie als eine wissenschaftliche Abfolge zu behandeln. Wir haben gesehen, dass genau dies die wesentliche Bedingung der theologischen Wissenschaft, ihrer Autonomie und Reinheit ist; jetzt halten wir fest, dass es auch die Bedingung für die echte philosophische Arbeit ist, und man muss wohl zugeben, dass die moderne Scholastik allzu leicht der Verunreinigung beider Disziplinen nach beiden Richtungen hin erlegen ist. Augustinisten und Thomisten hatten im 13. Jahrhundert unterschiedliche Vorstellungen vom Verhältnis zwischen Vernunft und Glauben; dabei sprachen die Augustinisten zwar in voller Übereinstimmung mit ihrer Lehre von Natur und Gnade der Vernunft eine letzte Konsistenz ab, sie begingen aber nicht den Fehler, die philosophischen Fragen auf theologische Weise zu behandeln, was ja etwas ganz anderes ist. Seither hat die Philosophie in der Christenheit Autonomie erlangt, und es kam vor, dass man sie in den Schulen als ehrwürdige Tradition handhabe. In der Philosophie gibt es aber keine „Tradition" im eigentlichen Wortsinn, denn die Tradition hat Sinn und Wert nur innerhalb und kraft eines Glaubens, eines Glaubenslichts; außerhalb davon gibt es nur „Propositionen", und Philosophieren besteht ja nun gerade nicht darin, einfach von einer Reihe von Propositionen als Vorgabe auszugehen. Selbst die treuesten Schüler eines Lehrers dürfen sich diesem Gesetz, dieser radikalen rationalen Redlichkeit nicht entziehen. Wir fürchten, dass das gewiss vertretbare Wort von der traditionellen Philosophie manchmal ein Missverständnis fördert und einer leichtgewichtigen Philosophie ohne Bangen und Probleme Vorschub leistet.

Diese methodologische Einstellung wirft ein zweifaches Problem auf: zunächst das unmittelbar-praktische, dass es zwei Zyklen, zwei „Fakultäten" innerhalb einer einheitlichen Ausbildung gibt. Wird nicht die Philosophie unter der Anziehungskraft der Theologie leiden, sodass sie nur mehr Propädeutik und keine echte Philosophie mehr ist? Genau dies scheint ja in einer Dominikanerschule zu passieren, als ganz normale Folge einer Ordensberufung, die einem Leben, angefangen beim Verstandesleben, von vornherein eine einheitliche Gestalt aufprägt, indem sie es vollständig um eine religiöse Kontemplation herum ordnet, deren Nährstoff und Frucht die Theologie ist. Die Philosophie ist dann nur noch Teil eines Ganzen und im mittelalterlichen Wortsinn *ancilla theologiae*.

Doch ebendieses Wort verweist uns auf den heiligen Thomas und auf den Sinn, den es in einem System annimmt, in dem die Autonomie der rationalen Ordnung, in Reaktion auf den umgebenden Augustinismus, mit Fingerspitzengefühl behandelt wurde. Bevor sie in den *Dienst* der theologischen Wissenschaft tritt, besitzt die Vernunft ihren Gegenstand und ihre Prinzipien, und wenn ihr Forschen nach den letzten Ursachen sie auf den Wegen der analogen Erkenntnis bis zum Geheimnis der Transzendentalien führt, besitzt sie dabei doch ihr eigenes Erkenntnislicht, vermöge dessen sich eine Ordnung des Wissens samt ihrer Ausstattung, ihren Methoden und ihren Stufen aufbauen lässt, auf deren oberster die Philosophie den

Vorsitz führt. Die Philosophie ist also von „Interesse", denn sie hat einen eigenen, der Ordnung und Konstruktion fähigen Gegenstand; dieses Interesse ist ein wissenschaftliches und menschliches; dadurch hat sie, selbst in einer von einem theologischen Welt- und Menschenbild bestimmten Lernökonomie, einen soliden und echten geistigen Wert anzubieten. Sie liefert nicht nur Instrumente, sie entwickelt vielmehr eine Kultur. Eine philosophische Fakultät hängt also nicht in der Luft; bei aller Offenheit für eine übergeordnete Disziplin umfasst sie doch einen in sich konsistenten Bereich, denn ihre Methode – ob allgemein oder partikulär – ist konsistent. Von da kommen wir wieder auf die entscheidende Bedeutung des Methodenpluralismus innerhalb der einen theologischen Weisheit zurück; und bei diesem praktischen Problem der beiden Lehrzyklen geht es um die grundsätzliche Frage, welchen Status die Philosophie im Christentum besitzt.

Wir sind sehr sensibel für die theoretische wie praktische Schwierigkeit dieses Problems. Und wir sind es umso mehr, als wir Theologen und nicht „Apologeten" sind. Die Apologetik des 19. Jahrhunderts, das heißt jene, die sich zu Unrecht als traditionell bezeichnete, hat sich total auf das Verhältnis von Vernunft und Glauben fixiert, als ob es sich dabei um zwei einander fremde Welten handelte, deren gelungene Übereinkunft man anzustreben hätte. Es war eine Kampfstellung gegen den Deismus der Philosophen und der Aufklärung, die aus Opportunismus legitim schien und auch durchaus geschickt wirkte, lehrinhaltlich aber ganz ungenügend war: Ihr Fehler liegt in dem Extrinsezismus, den sie impliziert, als ob ein philosophierender Christ kein Christ mehr wäre und ein christlicher Philosoph kein Philosoph sein könnte. Bei einer solchen realitätswidrigen Aufspaltung ist schließlich nicht mehr zu erkennen, was die Vernunft *innerhalb* des christlichen Denkens gilt; man weicht vor dem Verdacht zurück, den der Rationalismus gegen dieses Denken äußert, und zwar zweifellos deshalb, weil man zuvor selbst die Reichweite und die Erfordernisse der Methoden und ihrer wissenschaftlichen Autonomie innerhalb des Glaubens ermäßigt hat. Als Thomisten dagegen achten wir sehr auf die Autonomie der rationalen (philosophischen, historischen und anderen) Methoden innerhalb des christlichen Denkens. Wer sich zum Glauben bekennt, verzichtet damit nicht aufs Philosophieren. *Contra gentiles* ist ein großartiges Beispiel dafür; es genügt ein Hinweis auf dieses Werk, um anzudeuten, was uns von den „Apologeten" des 19. Jahrhunderts trennt.

Als Theologen denken wir, unsere Theologie selbst erfordere notwendig eine eigene Ordnung von Vernunftwahrheiten, ganz so wie die Gnade die Natur voraussetzt. Die Theologie ist im vollen mittelalterlichen Sinn des Wortes eine „Weisheit", aber eine Weisheit, deren Transzendenz allein schon ihr einen *aktiven* Vortritt verbietet, kraft dessen sie real in die Einrichtung und den Aufbau der rationalen Disziplinen eingreifen könnte. Sie bildet nicht den Gipfel der Wissenschaften, sondern steht außerhalb der Ordnung des Wissens, ist sie doch durch den Glauben in der Wissenschaft von Gott verwurzelt. Der Theologe als solcher trägt keine Philosophie, Physik oder Metaphysik, auch keine Politik, Soziologie oder Wirtschaftswissenschaft mit sich herum. Wissenschaftlich gesehen herrscht keine Kontinuität. So paradox es auch sein mag – unter der einen, einzigen, absoluten Weisheit des Glaubens gibt es partielle, relative Weisheiten; sie stehen in einer gegebenen Ordnung, die ihr Verfahren aus Findung und Erfindung, Beobachtung und Beweis besitzt und ihre Struktur, ihre letzten Ursachen, ihre Prinzipien und ihre eigene Weisheit hat.

Wenn dies der Status der Philosophie ist, wenn die Theologie sie keineswegs schwächt, sondern vielmehr die unantastbare Spontaneität des Geistes methodisch garantiert und seine Wissbegier lebendig hält – wie der im Lauf der Geschichte immer wieder durch das christliche Denken ausgelöste Aufruhr der Vernunft belegt –, dann zeigt sich, dass die Philosophie eine Suche ist, eine wirkliche Suche, ein persönlicher, ein, wie man heute sagen würde, dramatischer Forschungsprozess und nicht einfach ein im Vorhinein geknüpftes Netz von logisch geordneten Prämissen und Folgerungen, das einer fertigen Wahrheit folgt, die man nur gelehrig anzunehmen braucht. Es geht gewiss nicht darum, dem kartesischen Zweifel nachzugeben, aber die moderne Scholastik hat doch, unter dem Vorwand, ihm entgegenzutreten, zumindest in ihrer gängigen Pädagogik den Anfangsschritt der Philosophie nicht eben schonend behandelt und seine Strenge und Reinheit nicht erkennen wollen. Man glaubte, noch vor den Problemen seien schon deren Lösungen gegeben und in einem uralten Gehäuse, in dem die gesamte Wirklichkeit für ewige Zeiten katalogisiert sei, lasse sich die Philosophie „lernen" wie eine Lektion aus dem Lehrbuch – ohne Drama und ohne Ringen. Schon Descartes warf den Scholastikern unter seinen Zeitgenossen vor, sie ließen es an der *Aufmerksamkeit* fehlen.

Man spricht von *philosophia perennis*. Doch diese neue und in ihrer philosophischen Herkunft ein wenig suspekte Vokabel (sie stammt von Augustinus Steuchus, jenem Renaissancephilosophen, der unter diesem Epitheton den Paduaner Theismus und die mittelalterliche Scholastik versöhnen wollte) ist nicht unmissverständlich. Wenn die Theologen sie untereinander gebrauchen, dann um die Notwendigkeit und Beständigkeit der rationalen Grundlagen des Glaubens (*praeambula fidei*) zu behaupten; doch diese Perennität, so real sie selbst unter Vernunftgesichtspunkten sein mag, kann keine organische Kennzeichnung für eine Philosophie sein, weder in deren Grundeinstellung noch in ihrem Inhalt, denn sie betrifft eine Reihe von Propositionen, Prämissen oder Folgerungen, die so etwas wie der kleinste gemeinsame Nenner von philosophischen Gedanken und Initiativen sind, welche sich in Intuition und Systematisierung deutlich voneinander unterscheiden. Platon, Aristoteles, Augustinus, Anselm, Thomas von Aquin, Duns Scotus, Leibniz, Wolff und andere wären als ihre Vertreter anzusehen, wenn man denn entpersönlichte und verwässerte Aussagen als „Philosophie" ausgeben dürfte. Wir glauben nicht, dass man den Status der Philosophie im Christentum mit diesem Wort angemessen definieren kann, mit dem sowohl die systematische Kraft als auch die ureigene Forschungsleistung eines philosophischen Standpunkts herabgemindert würden.

Die philosophische Wahrheit entwickelt sich nicht in sekundären Abwandlungen um einen festen gemeinsamen Kern herum, der als gesicherter Erwerb gelten kann und deshalb jederzeit zur Verfügung steht; ihre geistige Initiative erwächst vielmehr aus den Prinzipien selbst, in dem geschärften Gespür für das Geheimnis und durch ein Engagement der ganzen Seele. Manche scholastische Generationen haben diese Wahrnehmung der geheimnishaften Tiefe der Wahrheit und ihrer fragilen Geschmeidigkeit verloren; und indem sie sie in kleinen, wohl verschnürten Paketen handhaben, spürten sie nichts mehr von der Unruhe des Forschens. Wenn eine Philosophie (oder eine Theologie) auf diese Weise für ihre Anhänger zu etwas geworden ist, was so gut von selbst funktioniert, dass es das Bewusstsein von seinen eigenen Prämissen und von seinen Grundlagen verloren hat, dann ist sie schon fast einem verdorrten Baum gleich und hat obendrein nicht einmal mehr die Kraft, es zu bemerken. Die wahre *philosophia perennis* hat Platon definiert: „Wir sind in einer kritischen Lage, in der wir die Gegenstände nach allen Richtungen drehen müssen, um ihre Wahrheit zu ergründen"; und Augustinus hat die dramatische Leidenschaft und das persönliche Engagement in diesem Geschehen ins Christliche übertragen.

Thomistische Philosophie und „Barockscholastik"

Unter der Bezeichnung *philosophia perennis* in Leibnizscher Orientierung können wir ein bestimmtes Intelligibilitätsideal beobachten und dann auch historisch und lehrinhaltlich einordnen, das die moderne Scholastik geprägt hat und ihr noch heute weithin ihre Tönung verleiht. Diese Scholastik tendierte dazu, das Intelligible streng rational zu definieren: Das Intelligible ist der Begriff, der analysiert und zugeschrieben wird; der Zusammenhang des Wirklichen, seine innerste Struktur wird als Verknüpfung von Begriffen vorgestellt. Die ganze Anstrengung des Denkens richtet sich also auf das Mögliche und auf seine logische Kompatibilität, da sich das Existierende, das Kontingente dieser idealen Verbegrifflichung und damit der Wahrheit, die deren Ergebnis ist, ja gerade widersetzt. Denn das Wahre ist das, was „begriffen" werden kann, das, von dem wir eine klare und distinkte Idee, eine „Notion" haben können. Die Suche nach der Wahrheit, die Aufgabe der Wissenschaft, besteht folglich darin, jede Proposition auf die logische Notwendigkeit der Identität zurückzuführen, sowohl die notwendigen Wahrheiten, die auf diese Weise bewiesen werden müssen, als auch die einzelnen und kontingenten Wahrheiten, deren Vernünftigkeit durch die adäquate Definition des Gegenstandes erzielt werden muss. Das Prinzip vom zureichenden Grund, der Ausdruck dieses Ideals von universeller Analyse, lässt sich selbst wieder auf die Erfordernis einer logischen Identität reduzieren und geht auf das Kontradiktionsprinzip zurück.

So schließt man sich denn, indem man jedes Element von Veränderlichkeit meidet und den Problemen der Existenz, der Tat, des Individuums, des Werdens und der Zeit ausweicht, in einer Philosophie der Wesenheiten ein, in der das Notwendige, das Universale, die idealen und unveränderlichen Beziehungen herrschen und den geeigneten Stoff für Definitionen und Determinationen abgeben. Die Abstraktion wird dabei zum eigentlichen Maß für die Intelligibilität, und die Metaphysik ist nur mehr eine „Wissenschaft" von höherem Abstraktionsgrad als die anderen, als ob auch das Sein eine Wesenheit wäre. Die Philosophie nimmt ausschließlich deduktiven Charakter an und findet ihre Vollendung im „System", einem Gefüge von Definitionen und Konklusionen, in dem das Nichtrationale als nichtintelligibel verdächtigt oder vernachlässigt wird.

Dieser Rationalismus nun hat den Lehrbetrieb der Schule bis ins Mark durchdrungen, sodass noch heute selbst in den qualifiziertesten *rationes studiorum* und in den besten thomistischen Handbüchern die Kategorien eines Christian Wolff dominieren. Es handelt sich dabei mitnichten um einen harmlosen pädagogischen Gebrauch, sondern um eine unbewusste – und nur allzu wirksame – Verstrickung in eine Mentalität, die der philosophischen Arbeit zu Gunsten einer leidenschaftslosen dialektischen Korrektheit den Sinn für das Geheimnis, den Geschmack am Forschen, ja sogar jene Fähigkeit zum Staunen austreibt, die den Geist für den Fortschritt offen hält.

Damit baut sich getreu einer schwerfälligen Vorstellung vom „dritten" Abstraktionsgrad eine „Ontologie" auf, in der unsere Metaphysik, selbst im Gewand des Vokabulars der Seinsanalogie, ihr kontemplatives Potenzial verliert und ihr Gefallen in der wissenschaftlichen Deduktion aus den ersten Prinzipien sucht. Die „Theodizee" schrumpft auf ein System von physischen Beweisen ohne Transzendenz und Spiritualität, das nicht mehr an religiöser Qualität aufweist als die Argumente der Deisten des 18. Jahrhunderts. Man misstraut gleichzeitig den alten Partizipationsmetaphysiken und den neuen Kontingenzphilosophien. Man verteidigt den thomistischen Intellektualismus gegen die Bergsonsche Kritik, als ob der *intellectus* des heiligen Thomas oder der νοῦς der Griechen genauso davon betroffen wären wie die *intelligence* eines Taine; und andererseits vernachlässigt man die Erkenntniskritik, die in der grundlegenden Unterscheidung von *ratio* und *intellectus* impliziert ist. Aus der mittelalterlichen Philosophie des Geistes lässt man den augustinischen Lebenssaft und die dionysische Mystik verdunsten, so dass ihre Begriffswelt in einem positivistischen Objektivismus erstarrt. In der Alltagspraxis triumphiert der logische Formalismus über die Wissbegier, und an die Stelle der mittelalterlichen „Disputation" treten die „scholastischen Übungen", die doch nur deren dialektische Parodie sind. Selbst bei der Verteidigung einer gewissen „klassischen Bildung" haben sich die Thomisten kompromittiert; sie meinten ihren mittelalterlichen Humanismus zu schützen, büßten aber in Wirklichkeit mit ihrer abstrakten Pädagogik dessen schöpferische Ressourcen und geistige Offenheit ein, wie sie der so sehr betonten personalen Einstellung aus *De magistro* (*De veritate* q. 11) eigen sind.

Um uns von dieser „Barockscholastik" zu befreien – die zwar von Kants Kritik erledigt worden ist, aber da, wo diese Kritik nicht greifen konnte, überlebt hat –, genügt es nicht, einfach gegen Francisco Suárez und Wolff einige Thesen zurückzuweisen; wir müssen darüber hinaus zu einer Art spekulativer Großzügigkeit zurückfinden, die nichts mit dem Vernunftoptimismus einer Philosophie zu tun hat, der es an Heroismus und Unbefangenheit mangelt, der Philosophie der Klerikalbeamten Josephs II. Das Klima hat sich geändert, und wir empfinden das sehr lebhaft. So bedauern wir, dass bei uns alles in allem die – übrigens wolffianisch infizierte – thomistische Orthodoxie eines Tommaso Maria Zigliara die Inspiration, die „platonische" Tiefe eines Lepidi kurz abgefertigt hat; und gern lassen wir uns, ungeachtet seiner Schwächen, für P. Rousselots *L'intellectualisme de saint Thomas* (1910, 3. Aufl. 1936) einnehmen.

Scholastische Philosophie und moderne Philosophie

Wenn es im klassischen Rationalismus eine große Inspiration gab, dann jenes Ideal von mathematischer Analyse, das sich, wenn auch nicht ungefährdet, in seiner Entwicklung als wissenschaftlich erstaunlich fruchtbar erwies. Genau dies war nämlich von ihren aristotelischen Ursprüngen her schon immer die große Lakune der mittelalterlichen Scholastik: dass sie keinerlei Sensus für die Mathematik besaß; so konnten denn auch die Schulphilosophie im Allgemeinen und der Thomismus im Besonderen dieser ersten Etappe der mathematischen Philosophie lediglich die kontaminierte Form abgewinnen, von der wir gesprochen haben, statt ihren wahren Reichtum zu bergen. Hier rühren wir an eine der wichtigsten Bruchstellen in der Entwicklung des abendländischen Denkens, die in der Entgegensetzung von scholastischer Philosophie und moderner Philosophie einen feststehenden Ausdruck gefunden hat. Dieser geistige Gegensatz hat sich – häufig infolge einer höchst beschränkten Simplifizierung (von beiden Seiten) – bis in den Wortlaut der Prüfungsordnungen hinein festgesetzt. In Wirklichkeit ist er eine schmerzliche Spaltung, die recht eigentlich die Lehre der Schule von der zeitgenössischen philosophischen Kultur fern hielt und noch immer fern hält. Dies ist eine höchst gefährliche Situation, wenn es zutrifft, dass auf jedem Gebiet unweigerlich Sterilität die Folge ist, wenn man den Kontakt mit dem menschlichen Boden verliert.

Der Thomismus, wenn nicht sogar die Schultheologie, hatte freilich den Kontakt noch nicht ganz verloren, als die erste Manifestation dessen auftrat, was später gemeinhin das moderne Denken genannt wurde: der Humanismus. Dieses komplexe Phänomen lässt sich nicht mit einem Wort beurteilen; immerhin trifft eines zu: Wenn die Pariser Humanisten die Scholastik verabscheuten, dann waren es – Ironie der Wörter – ausgerechnet die *moderni*, denen sie zürnten, das heißt ihre Zeitgenossen, die Nominalisten, und wenn sie in Paris in den Lehrstreitigkeiten der Universität obsiegten, dann auf Grund ihrer Allianz mit den thomistischen oder skotistischen *antiqui*. Wir haben gesehen, dass Saint-Jacques, wenn auch nur durch einige seiner Magistri, gute Beziehungen mit den neuen Geisteswissenschaften unterhielt; und mehrere Dominikaner von Florenz nehmen einen achtbaren Rang in der Geschichte der italienischen Sprache ein. Die traurige Affäre Reuchlins mit den Predigern von Köln und Paris oder die Pico de la Mirandolas mit denen von Rom zeugt neben einer berechtigten Sorge um die Orthodoxie leider auch von einem beklagenswerten Mangel an Unterscheidungsvermögen gegenüber der in Gang befindlichen „Renaissance". Wenn man seiner so sicher ist, bringt man kaum Sensibilität für das Erwachen neuer Hoffnungen auf. Immerhin hat Guillaume Petit sich der Mehrheit der Sorbonne-Theologen widersetzt und Erasmus mehrfach gegen ihre Bosheiten verteidigt; Pico de la Mirandola seinerseits hatte in San Marco zu Florenz überlebt. Es ließe sich zeigen, dass die Elite der Prediger keineswegs unsensibel für drei Besonderheiten der neuen philosophischen Richtung war: das Verlangen, den authentischen Aristoteles wieder zu finden, die Bewunderung für den unlängst neu entdeckten Platon und das Bemühen, der Philosophie einen religiösen Wert zu verleihen. Wir Heutigen verleugnen keinen dieser Gedanken. Wenn die Rolle des Thomismus in diesen drei ehrenwerten Punkten gleichwohl bescheiden blieb, dann deshalb, weil sich der Thomismus, wie die Generalkapitel des Ordens selbst eingestanden, im ausgehenden Quattrocento in einem höchst elenden Zustand befand. Francisco de Vitoria und die Schule von Salamanca sollten später zeigen, wozu er noch fähig war.

Dies alles ist uns Grund genug, das Erbe der Renaissance nicht scheel anzusehen, sondern, ohne dass wir darüber Augustins Konzeption von der allmächtigen Gnade preisgäben, ihre ganze menschliche Tragweite zu erkennen und uns zu Eigen zu machen – gegen so manche nur allzu reale „scholastische Barbarei".[9] Wir meinen sogar, dies sei unter Christen die eigentliche Aufgabe eines Schülers des heiligen Thomas. „Man kann sagen, dass die thomistischen Schule des 16. Jahrhunderts ihren Auftrag vollständig verfehlt hat, insofern sie sich der Renaissance widersetzte, statt sie zu assimilieren und ihre geistige Stoßrichtung aufzugreifen, wie seinerzeit Thomas die philosophische Bewegung des 13. Jahrhunderts aufgegriffen hatte. Der Thomismus hatte in seinen Anfängen nicht nur das Zeug dazu, dies zu tun, es war vielmehr seine eigentliche Bestimmung, es zu tun" (E. Gilson). Wenn ich in Michelangelos Fresko in der Sixtinischen Kapelle sehe, wie Adam unter dem Finger des Schöpfers zum Leben erwacht, dann wehre ich mich doch nicht gegen den Genuss, den es bedeutet, in einer großartigen Gestaltung jenen vollkommenen Menschen zu betrachten, den der heilige Thomas in seiner Theologie *de statu primi hominis* beschreibt.

Deshalb lehnen wir kategorisch Burckhardts historisches und doktrinelles Schema ab, mit dem man die „klassische Bildung" unserer Jugendjahre überzogen hat. So heftig die Reaktion der Renaissance auf das Mittelalter auch war, sie ist nur ein Webfehler in dem Teppich aus Antiken-

---

9 Einschließlich der Arbeitsmethoden mit dem Rekurs auf die Quellen jenseits von Galimatias und Glossen. Wir folgen in vollem Umfang den Ratschlägen, die Faber Stapulensis an den Anfang seiner Edition des Organon und seiner Väterausgaben gestellt hat.

nachahmung und freier Schöpfung, jener großen „Wiedergeburt", die von Karl dem Großen und Alkuin über Abaelard und Johannes von Salisbury, Chrétien de Troyes und Jean de Meung, Thomas von Aquin und Dante bis zur „modernen" Welt des Quattrocento reicht. Im Vollsinne ereignet sich diese Renaissance im 12. und 13. Jahrhundert, wenn man denn zuzugeben gewillt ist, dass die wahre Renaissance die des Geistes und nicht die des Buchstabens ist.

Diese moderne Welt zeichnet sich freilich auch noch durch eine andere Besonderheit aus, die nicht nur das kulturelle Leben, sondern auch die verborgenen philosophischen Intuitionen immer nachdrücklicher transformiert: die wachsende Macht, die die Wissenschaft durch die Rolle der Mathematik (siehe oben) und durch die Blüte der experimentellen Wissenschaft gewinnt. Es ist eine massive Wirkung, nicht nur in den positiven Errungenschaften (auch das Mittelalter hatte solche zu verzeichnen), sondern in neuen Typen von Intelligibilität. Leonardo da Vinci, Galilei, Kopernikus und vor allem Descartes sind hier zu nennen. Und diesmal ist der Bruch radikal – ganz bewusst auf beiden Seiten. Die aristotelische Wissenschaft hat einen derartigen Widerstand entwickelt, dass noch ihre begründetste Kritik an Descartes' Verabsolutierung der Mathematik oder an Bacons Empirismus durch die Weigerung diskreditiert wird, die neue Welt zu sehen, die sich da nicht nur für die Wissenschaft, sondern für das Denken auftut. Weit davon entfernt, hier die Wege der Läuterung und der Freiheit zu finden, die ja die eigentlichen Wege ihres Fortschritts sind, zeugt die traditionelle Metaphysik gegen sich selbst, denn sie erleidet nicht nur eine Reihe verdienter Niederlagen, sondern lässt auch das Versiegen ihrer schöpferischen Kraft deutlich werden. Wir meinen, es sei sinnlos, diese tödliche Schwäche zu verschleiern, in der sich die Schüler des heiligen Thomas befanden und in der sie lange verharrten, weil sie zwar dem Buchstaben gehorsam, jedoch ihren eigenen methodologischen Prinzipien untreu waren. Genauso sinnlos ist es freilich, heute diesen Irrtum beheben zu wollen, indem man der Wissenschaft nachläuft und jene Anpassung pflegt, die eine gewisse Erneuerungsbewegung innerhalb des Thomismus zu Beginn des Jahrhunderts praktizierte, oder indem man jener kaum glaubwürdigen Mischung anhängt, mit der so manche in den Schulen gelehrte „Kosmologie" dem Thomismus Schande machte (indem sie die biologischen Arten wie die Spezies des Aristoteles behandelte, chemische Theorien anhand des Hylemorphisus widerlegte, Einsteins Relativitätstheorie im Namen der ersten Prinzipien verwarf usw.). Das Problem stellt sich in einer ganz anderen Tiefe, und wie schwierig auch immer die Lösungen sein mögen – das Erste überhaupt ist, dass man es mit gelassener Offenheit in seinem ganzen lehrinhaltlichen und menschlichen Gewicht als solches anerkennt.

Die Unvereinbarkeit zwischen Mittelalterlichen und Modernen barg im Übrigen die Drohung eines viel schwerer wiegenden Bruchs, der diesmal an die Wurzel des Geisteslebens rührte: Kants Kritik hat dem Idealismus, der in der kartesischen Methode noch implizit war, den Weg geebnet. Während nun die beiden ersten modernen Schübe den Thomismus weitgehend unvorbereitet getroffen hatten, sieht es in dem großen Konflikt zwischen Realismus und Idealismus so aus, dass sich die Mittelalterlichen, nach anfänglicher Verunsicherung durch diese koperni-

kanische Wende in der Philosophie, recht wacker schlu-
gen, und zwar nicht einfach in einer ja immer zu kurz grei-
fenden Defensive, sondern dank einer mutigen Vertiefung ihrer eigenen Prinzipien. Vielleicht erlagen sie sogar
der Obsession der Erkenntnistheorie. Zumindest haben
sie sich der Problemstellung selbst zugewandt, und zwar
da, wo sie durch eine Überprüfung der ureigenen Ressourcen ihrer Philosophie, wenn auch hypothetisch, die
Aporien des Idealismus zu überwinden und, wenn man so
sagen kann, daraus ihren Vorteil zu ziehen vermochten.
Während die Schule im kartesischen Augustinismus jene
Aufmerksamkeit für das Subjekt und jenen Reichtum der
Reflexion nicht hatte erkennen können, die auszuwerten
ihre eigene Tradition ihr doch erlaubt hätte, dachten die
thomistischen Lehrmeister des 20. Jahrhunderts, ungeachtet einiger Divergenzen im Detail und im Ausdruck,
ihre Philosophie ermögliche es, „indem sie durch eine
wirklich kritische Methode den Wert der Erkenntnis der
Dinge rettet, die Welt der Reflexion in ihrem Innersten zu
erforschen und, wenn man so sagen kann, ihre metaphy-
sische Topologie zu erstellen; so ist die ‚Philosophie des
Seins' zugleich im höchsten Grade eine ‚Philosophie des
Geistes'" (J. Maritain).
Nach allgemeiner Einschätzung gehört zu den besten
Studien der *Essai d'une étude critique de la connaissance*
(1932), ein in langer Arbeit entstandenes und leider
unvollendetes Werk von P. M.-D. Roland-Gosselin, der in Le
Saulchoir großen Einfluss besaß. Nach seiner Überzeugung entspricht es dem Thomismus am ehesten, wenn
man einräumt, dass selbst das elementarste und eviden-
teste Urteil ein Minimum an Reflexion voraussetzt, und
zwar an kritischer Reflexion des Verstandes auf seinen Akt

und durch seinen Akt auf sein Wesen; es besteht daher Anlass, diese elementare Reflexion ganz ausdrücklich zu unternehmen, sie explizit und deutlich zu machen und sich davon eine klarere und strengere Erkenntnis darüber zu erwarten, ob es ein begründetes Recht des Verstandes gibt, die Realität zu bejahen.

Angesichts des Triumphs wie auch des heutigen Niedergangs des Idealismus scheint es dem Thomismus in diesem Punkt gelungen zu sein, seiner Philosophie eine neue geistige Tragweite zu verleihen; er hat dabei von dem Umstand profitiert, dass die Historiker einige seiner allzu sehr vernachlässigten frühesten Quellen in ihrem Wert erkannten (so gibt es zum Beispiel keinen Grund, eine Renaissance des Augustinismus abzulehnen) und aus der Ausmerzung des zu Recht von Kants Kritik getroffenen Wolffschen Rationalismus Nutzen gezogen. Dank eines geschärften Gespürs für die unableitbare Besonderheit der Genese des metaphysischen Denkens sieht er in der „Zustimmung zum Sein" alles andere als bloß eine wissenschaftliche Erklärung von höherem Abstraktionsgrad als die anderen; denn diese „Weisheit" (ein Wort, das wieder zu Ehren kommt) verbleibt zwar in der Verlängerung der Erkenntnis der materiellen Welt (Aristoteles), aber sie birgt eine im eigentlichen Sinne geistige Dimension, deren Fundament die Erkenntnis unseres eigenen Geistes und seiner Freiheit ist (Augustinus, Dionysius).

Im Zuge seines Neuaufbruchs betritt der Thomismus mit wachem Verstande ein weiteres Gebiet, auf dem die Wolffsche Scholastik, die es besetzt hielt, zu einem neuen Bruch mit den „Modernen" hätte führen können. Vor dem Philosophen tut sich die Welt der Geschichte auf; dies ist wenn nicht eine Errungenschaft, so doch eine Problemstellung des 19. Jahrhunderts, und zwar nicht in erster Linie und auch nicht wirklich dank der Hegelschen Metaphysik noch infolge der „Geschichtsphilosophien", sondern auf Grund des erstarkenden Bewusstseins von der Realität der Zeit, das eine Reihe von philosophischen Unternehmungen speiste und noch immer speist. In dieser Hinsicht wären im Thomismus noch reichlich implizite Ressourcen nutzbar zu machen, die mit ebenjener Philosophie des Geistes zusammenhängen, von der wir sprachen, und die bei ihm, unter seinem aristotelischen Physizismus, aus der christlichen Prägung und aus Augustins Anthropologie erwachsen. Der Thomismus könnte also wieder durchaus Einzug in das zeitgenössische Denken halten.

Genau darum ist es uns gegangen, als wir an die Brüche zwischen Scholastikern und Modernen erinnerten (ob sie aus Ungeschick oder zu Recht geschahen, tut hier nichts zur Sache). „Zu Descartes' Zeiten wurde die Geschichte der Wissenschaften blockiert durch den gespenstischen Schlaf einer Scholastik, die durch Selbstzufriedenheit, pädagogische Routine und Autoritätsgebrauch verkommen war" (J. Maritain) – eine dreifache Mauer rings um ein Denken im tiefsten Exil. Wenn unsere Überprüfung der Jahrhunderte alten unvereinbaren Gegensätze uns etwas lehren kann, dann dies, dass diese Mauer umso eher fällt, je nachhaltiger sich der Thomismus der Heterogenität der Wissenstypen und damit der unendlichen Adaptationsfähigkeit des Geistes bewusst wird. „Non omnes scientiae demonstrativae adhuc inventae sunt", sagte einst Albertus Magnus in der Begeisterung für die gerade eben wieder entdeckte griechische Wissenschaft. Dieses Ungenügen bis in die solidesten Gewissheiten hinein ist keineswegs die Folge eines intellektuellen Wankelmuts, sondern ein Beweis der Treue zum tiefsten methodologischen Prinzip des heiligen Thomas und zu dem es leitenden analogen Seinsverständnis.

Die Philosophiegeschichte

Wenn dies die Seele der philosophischen Arbeit ist, wenn ihre drängende Wissbegier um der solidesten Wahrheiten willen bei den virulentesten Problematiken ansetzt, dann haben wir der Philosophiegeschichte einen wichtigen Platz in einem philosophischen Lehrzyklus einzuräumen, da sie ja die Geschichte des menschlichen Geistes auf der Suche nach den ersten Wahrheiten ist oder doch sein sollte. Es geht in der Tat nicht um irgendeine von Neugier geleitete Übung, um Geistesarchäologie zum Gebrauch der gewitztesten unter den Gebildeten. Der wesentliche Unterschied zur Geschichte der Wissenschaften liegt in Folgendem: Wenn eine wissenschaftliche Wahrheit erreicht oder ein Irrtum ausgeschieden ist, ist die Sache mit der Protokollierung des Ergebnisses abgeschlossen; die Überprüfung der vorausgegangenen Schritte oder der früher bereits erarbeiteten Systeme kann dann Gegenstand einer aufschlussreichen historischen Darstellung, nicht aber Objekt einer erneuten Auseinandersetzung mit den Grundbestandteilen des Problems werden. Anders dagegen in der Geschichte der Philosophie; in ihr ist nichts ein für allemal vorbei, das Leben erwacht immer von neuem, zentriert um die „ewigen Wahrheiten". Zur Philosophie gehört ein persönliches Engagement: Auch die ältesten Probleme werden immer wieder aktuell aufgegriffen, und dies geschieht, wenn auch vielleicht unbewusst, mit leidenschaftlicher „Sympathie". Die Geschichte der Philosophie ist nichts, was äußerlich zur Philosophie hinzukäme. Somit ist sie nicht nur ein interessantes Kapitel im Lehrbetrieb einer Fakultät, nicht bloß ein Element philosophischer Kultur, sondern ein wirksames Instrument der Forschung und der Wahrheit. Thomas von Aquin hat sie, nach Aristoteles, ausdrücklich zu einem wichtigen Werkzeug seiner Arbeit gemacht.

Daher hat sie ihre Position zwischen einer psychologischen Analyse, die das mit den Ideen verknüpfte Interesse aufzudecken trachtet, und einer doktrinellen Wissbegier, die die Ideen an sich unter Abstraktion von dem Geist, der sie entwickelte, beurteilen will. Die Geschichte der Philosophie bleibt Geschichte: Selbst wenn wir uns von der *aktuellen* Bedeutung eines Textes von Platon, Thomas oder Descartes angezogen fühlen, muss sich unsere Aufmerksamkeit auf Platon, Thomas und Descartes richten, nämlich auf genau diesen Griechen, diesen mittelalterlichen Denker, diesen Franzosen des 17. Jahrhunderts, auf je seine Größe und seine Grenzen, auf die Genese und Struktur je seines Systems. Das ist kein Dilettantismus, der ja bei einem so wichtigen Stoff besonders deplatziert wäre, sondern Redlichkeit gegenüber den realen Gegenständen und Personen; weder unsere ungeduldige Eile noch selbst unsere Weitsicht darf die Achtung vor dem Text beeinträchtigen oder irgendwelchen Winkelzügen Vorschub leisten; sonst erlägen wir dem Irrtum des Dogmatikers, der der Wahrheit zu dienen glaubt, indem er Widersinniges tut.

Nun sind aber Platon, Thomas und Descartes irgendwie auch Zeitgenossen jedes denkenden Menschen, und so zeigt uns die Geschichte der Philosophie, ohne dass damit der Bezug zum jeweiligen Ursprung abgebrochen würde, was in den jeweiligen Lehraussagen über den individuellen Ausdruck hinausgeht und den menschlichen Geist in seinem Ringen mit den höchsten und schwierigsten Problemen zeigt. Daher tritt der Historiker, selbst wenn er es ablehnt, einer seiner Überzeugung nach überholten Philosophie zu folgen, in seinem geheimsten Trachten und in seiner ganzen geistigen Unruhe mit ihr in Verbindung; und seine gesamte Interpretation erhält von ihr her die unverzichtbare Aufhellung bis ins textliche Detail hinein. Der Thomist, dem sein Eifer den Zugang zu Platons Dialektik oder zu Augustins Psychologie versperrte, wäre ein rechter Stümper. Diese Hinwendung zu einer zeitgebundenen Wahrheit schafft, in der realen Gegenwart des Vergangenen, ein subtiles Gleichgewicht; dadurch überschreitet die Philosophiegeschichte genauso wie die Religionsgeschichte sich selbst, um sich auf das Niveau ihres Gegenstandes zu erheben.

Die Aufgabe des Historikers entfaltet sich folglich auf drei eng miteinander zusammenhängenden Ebenen. Das Milieu, in dem eine Philosophie entstanden ist, ihr geistiges Terrain, ihre Quellen, der Schnittpunkt der unterschiedlichsten Wissensformen, an dem sie Gegenstände und Methoden gefunden hat, bis hin zu den materiellen Bedingungen und zu der Sprache, die sie benutzt – auf all das richtet die Philosophiegeschichte in sorgfältiger Erledigung der ganz bescheidenen kritisch-philologischen Arbeit ihre minuziöse, strenge Wissbegier als Erstes. Danach schreitet sie weiter, ohne etwas von dem, was sie soeben eingebracht hat, preiszugeben, vielmehr mit dem Ziel, dessen Früchte zu ernten, und geht über Quellen und Kontexte hinaus, um die unableitbare Originalität des

Geistes sichtbar zu machen, der sie nutzt und durch seine zentralen Intuitionen gewissermaßen neue Intelligibilität schafft. Diese persönliche Schöpfung ist freilich nicht einfach Ihrer psychologischen Bedingtheit ausgeliefert; vielmehr waltet eine innere Logik – das letzte, höchste Thema des Historikers –, unter der sich die Intuitionen entsprechend den gewählten synthetischen Prinzipien in systematischer Konstruktion entfalten. Der Philosoph selbst bekennt ja, dass seine Antwort eine wahre sein soll und deshalb von den Zusammenhängen, die sie bedingen, und von dem Menschen, der sie erarbeitet, unabhängig sein muss. Ohne dem Dogmatiker vorzugreifen, deckt der Historiker das Wirken dieser Logik auf und beobachtet, unter ausdrücklicher Wahrung der herausragenden Rolle der großen Denker, die Determination, der die Ideen in der Bildung, im Funktionieren und im Schicksal der Systeme unterliegen.

Ein Beispiel für diese faszinierende Arbeit finden wir wieder einmal beim heiligen Thomas. Seine historische Wissbegier war zwar begrenzt und seine Bildung entsprach dem in seiner Zeit üblichen, oft beschränkten Maß, doch immerhin besaß er ein geschärftes Empfinden für jene innere Logik der Ideen, nicht nur für ihre abstrakte Logik im Verhältnis zu einer absoluten Wahrheit, sondern für ihre konkrete, in der Dynamik einer originären Intuition wirksame Logik. Wir denken unter anderem an einen bestimmten Artikel aus den *Quaestiones disputatae*; in ihm skizziert der Doctor angelicus das Diagramm des Platonismus anhand von drei unterschiedlichen Typen, die alle dasselbe Intelligibilitätsideal verfolgen, und die Kritik, die er daran äußert, vollzieht sich letztlich innerhalb der zu Grunde liegenden Prinzipien.

Mit dieser philosophischen Rolle der Philosophiegeschichte verbindet sich die pädagogische Rolle, die sie
spielen kann, wenn junge Menschen für die großen Probleme des Denkens aufmerksam werden. Sieht man diese
nämlich in ihrer sich verdichtenden Verkettung und in
ihrer gegenseitigen Einwirkung auf einem konkreten
Gebiet der Geschichte, beispielsweise in der so wichtigen
griechischen Philosophie, dann verschafft man sich sicheren Zugang zu einer realistischen Wahrnehmung und
einer menschlichen Wissbegier, die eine theoretische
Spekulation nur schwerlich liefern würde.

Thomisten

Eine der hilfreichsten Lektionen der Philosophiegeschichte auf der Ebene der Philosophie selbst ist die Analyse des
„System"-Gedankens. Wir greifen hier unsere anfängli-
chen Reflexionen über die wahre philosophische Einstellung und unsere Kritik an der Barockscholastik auf.
Um der oben erwähnten dreifachen Aufgabe gerecht zu
werden, muss der Historiker nicht nur die von ihm unter-
suchte Konstruktion aufs Genaueste analysieren, sondern auch die innere Bewegung wahrnehmen, die diese
Konstruktion im Denken des Philosophen erzeugt hat
und nach wie vor beseelt. Das Risiko des Psychologismus
ist nur die Kehrseite des tiefinneren Verstehens, das, nach
einem Wort Leonardo da Vincis, unter den festen Konturen die „gewundenen Linien" und, laut Bergsons Kommentar zu dieser Aussage, das virtuelle Zentrum hinter
der Leinwand zu entdecken weiß, in dem sich mit einem
Schlage, in einem einzigen Wort das Geheimnis enthüllt,
das wir niemals ganz entschlüsseln werden, wenn wir

ihm Satz für Satz im Detail der Argumentationen nach-
spüren. Auf diese Weise entfaltet sich die philosophische
Arbeit; das virtuelle Zentrum ist der Standpunkt, den der
Philosoph einnimmt; von dort geht seine Konstruktion
aus, und alle ihre Bestandteile beziehen von dorther ihre
ideale Richtung.

Das heißt: In der Philosophie hat das „System" mit seiner
logischen und gleichsam räumlich ausgedehnten Ma-
schinerie einen geistigen Wert nur durch die und in den
Prinzipien, die es leiten; in ihnen findet es seine Stabilität
und zugleich seine Fähigkeit zum Fortschritt, seinen Bestand und zugleich seine Geschmeidigkeit. Gewiss liegt
seine Intelligibilität, oberflächlich gesehen, in der logischen Kohärenz seiner Propositionen; doch sie gründet
tiefer, wenn denn die klare und distinkte Idee weder das
Kriterium der Wahrheit noch der Ziel- und Endpunkt der
metaphysischen Erkenntnis ist. Eine armselige Vernunft,
die, weil sie alles *erklärt*, nichts mehr *sieht*! In ihr hat die
Dialektik die Kontemplation zersetzt. Und sie hat auch die
Findung-Erfindung versiegen lassen, da sich die „Vernunft" mit dem beruhigenden Formalismus ihres Be-
griffsapparats zufrieden gibt. Wir sind ausführlich auf die
Strukturen und Methoden des philosophischen Wissens
eingegangen; so können wir jetzt, zum Schluss unserer
Reflexion, ohne weiteres die Einheit, die Freiheit und die
Macht des Geistes kennzeichnen.

In der Philosophie des heiligen Thomas tritt dieser Geist in
besonderer Weise hervor: Er nimmt Gestalt an in einem
Begriffsgerüst von höchster Exaktheit. Zu Recht hat man
gesagt, die Philosophie des heiligen Thomas – und man
muss sie schon durch die Brille des klassischen Rationalismus betrachten, um das nicht zu erkennen – sei nicht das,

was man ein „System" nennt. Unsere Zustimmung zu ihr gilt eben nicht einem System. Unser Lehren und Lernen nährt, vielmehr verlangt, so es sich denn treu bleiben soll, die Einhaltung der elementaren Gesetze philosophischer Arbeit, ihre permanente Wissbegier, ihre Spontaneität und ihren Eroberungsgeist. Es definiert sich nicht über die Zustimmung zu Propositionen und Thesen, sondern durch die Übereinstimmung mit den organischen Prinzipien und mit den Primärerkenntnissen, mit der Inspiration und mit den Methoden, aus denen Propositionen und Thesen erst folgen. Andernfalls bringt die Philosophie lediglich eine „Scholastik" zu Wege, aber keine Philosophie. Die Leidenschaft unseres Lernens und Lehrens ist es, die unsere geistige Freiheit sichert – gegen schulische Versteinerung und dialektischen Dogmatismus. Das gilt für jede große Philosophie; die Prinzipien des heiligen Thomas verlangen es aber insbesondere von seinen Anhängern. Was wir über die Theologie gesagt haben, ist folglich hier auf einer anderen Ebene wieder aufzugreifen.

Im Übrigen wollen wir festhalten, dass wir uns in erster Linie als Theologen zu den Thomisten zählen. Überrascht beobachten wir, dass man die Autorität, die die Kirche dem heiligen Thomas zuerkennt, häufig in die Philosophie verschiebt. Genau hier ist aber, im Hinblick auf die Offenbarung, seine Lehre stärker von Relativität gekennzeichnet. Thomas war zuerst und recht eigentlich Theologe; die Hoffnung, man könne ihm anderswo begegnen, ohne ihn zunächst einmal hier anzutreffen, erscheint uns als Schimäre in der Art, wie wir sie in jener modernen Spaltung zwischen Spiritualität und Spekulation entdeckt haben. Weil wir spirituell engagiert sind, hängen wir so unverbrüchlich an seiner Lehre und damit an seiner rationalen Konstruktion mit ihren verschiedenen Elementen einschließlich seiner Philosophie, die etwas ganz anderes ist als ein verlängerter Aristotelismus.

5. Die Mittelalterstudien

Ernest Lavisse hat über die geisteswissenschaftliche Fakultät von Paris zur Zeit des zweiten Kaiserreichs gesagt: „Alle [ihre Professoren] arbeiteten und unterrichteten gut, und einige von ihnen waren Lehrer allerersten Ranges. Aber die Sorbonne war kaum mehr als eine Gesellschaft von Vorlesern. Wenn sie eine Körperschaft von intellektuellen Erziehern mit klarem Auftrag werden, wenn sie akzeptieren sollte, dass sie Schüler in den Methoden zu unterrichten und Lehrlinge in die Arbeit einzuführen hatte, dann war eine umfassende Änderung der Sitten und Bräuche notwendig" (*Le Temps*, 11. Oktober 1906). Das Urteil ist streng; es zeigt indes, welche Umgestaltung damals vom Hochschulunterricht verlangt war, wollte er seinen professionellen Zielsetzungen gerecht werden. Eben wegen dieser Ziele stellte sich im ersten Drittel des 19. Jahrhunderts das Problem eines ausgewogenen Verhältnisses zwischen den Interessen der Lehre im eigentlichen Sinn und den ganz anders gelagerten Interessen der freien Forschung. Gewiss beinhaltet der Hochschulunterricht die wesentliche Aufgabe, den Rahmen zu liefern, in dem ein hohes Wissenskapital aus Literatur, Naturwissenschaft, Philosophie und Religion weitergegeben werden kann, für die dazu erforderliche Ausstattung zu sorgen und als Beweis für den Erwerb jenes Wissens die entsprechenden Diplome zu verleihen; die Praxis allerdings droht Lehrende und Lernende in einer Trägheit versinken zu lassen, in der sich die ursprünglich mit dazugehörenden spirituellen Gehalte verflüchtigen und in der die Reglementierung mit ihrem Konservatismus eine selbstzufrieden gewordene Wissenschaft vollends drosselt. Die Abhilfe für diesen Verfall liegt in der Belebung, die der Universitätsbetrieb durch das aktive Bemühen um Fortschritt, durch die Leidenschaft für die Forschung und durch jene geistige Lauterkeit erfährt, die sich der zweckfreien Einstellung verdankt. Wie man weiß, wurden der diplomierungsberechtigten „Fakultät" nach unterschiedlichen Schlüsseln entsprechende Institute zugeordnet, die der unverzweckten Arbeit und ihren fachlichen Erfordernissen leichter offen stehen (an der Sorbonne etwa die École pratique des Hautes Études, usw.). Angesichts ähnlicher Gefahren und nach ähnlichen Versäumnissen kam es auch in den religiösen Disziplinen und im kirchlichen Hochschulbetrieb zu ganz ähnlichen Bestrebungen.

„Sie geben sich allzu leicht mit der zweitrangigen Aufgabe zufrieden, die Wissenschaft anzuwenden – so Kardinal Mercier in einer berühmt gewordenen Rede –, und zu wenige von Ihnen haben den Ehrgeiz, an dem zu arbeiten, was man das Betreiben von Wissenschaft genannt hat; zu wenige von Ihnen denken daran, die Materialien zu sammeln und auszufeilen, die dazu dienen sollen, künftig die erneuerte Synthese von Wissenschaft und christlicher Philosophie zu bilden."

Weiter oben (gegen Ende des 1. Kapitels) haben wir gesehen, wie der Orden des heiligen Dominikus in seinem Partikularrecht versucht hat, auf dieses Problem zu reagieren, und wie heute die neue Konstitution *Deus scientiarum Dominus* dem Verlangen nach einem für persönliche Arbeit und Spezialisierung offenen Hochschulbetrieb stattgibt.

Die Theologie könnte leichter als andere Disziplinen jener teilnahmslosen, reglementierten Verschulung erliegen, unter dem Vorwand, sie sei *per definitionem* die Wissenschaft von einer durch Tradition vermittelten Vorgabe; und mehr als andere widersetzt sie sich ungeachtet der Komplexität ihrer Struktur den Formen von Spezialisierung, die sie ihrer unverzichtbaren geistigen Einheit berauben würden. Das Problem eines theologischen Hochschulunterrichts und seiner Arbeitsweise war ein Teil des Methodenproblems, als zu Beginn unseres Jahrhunderts ganz offen und zu Recht die „Reform der Theologie" debattiert wurde. Die Lösung besteht hier wie anderswo in dem ausgewogenen Verhältnis zwischen den Erfordernissen der Lehre mit ihrer schulischen Zielsetzung (und hier auch mit ihrer Garantie für die Orthodoxie) einerseits und einer der Methodenvielfalt entsprechenden Forschungsarbeit andererseits. Somit müssen sich hier wie anderswo Allgemeinbildung und spezifische Fachkompetenz miteinander verbinden.

Wir haben von den Umständen gesprochen, die dazu führten, dass Le Saulchoir die Arbeit an einem Zyklus von Mittelalterstudien übernommen hat, mit dem es versuchen wollte, seinerseits diesen Zweig des theologischen Wissens zu stärken, und in dem es den Stoff für jene unverzweckte Bildung zu finden dachte, die einem Lehrbetrieb seine Dynamik und seine Fruchtbarkeit verleiht. 1921 wurde neben der theologischen Fakultät das Institut für Mittelalterstudien aufgebaut.

Es gilt allerdings zu beachten, dass das Unternehmen seinen Anfang und seinen Fortgang nicht ausschließlich dem zufälligen Einfluss eines Lehrers, nämlich P. Mandonnets, verdankte; vielmehr wirkte sich in diesem Ein-

fluss selbst die Vorstellung aus, die sich Schüler von
P. Gardeil von der Theologie und von ihrem wissenschaftlichen Geschäft machen. In der Tat: Wenn wir Interesse für
diese Mittelalterstudien aufbringen, dann nicht aus ge-
lehrter Neugier, die gewiss ehrenwert ist, sich aber genauso gut auf irgendeinen anderen Bereich der Geschichtswissenschaft richten könnte; wir befassen uns
mit dem Mittelalter, weil sein Studium einen theologischen Ort von allererster Bedeutung und Qualität zugänglich macht. Damit reagieren wir auf jene Sehweise –
besser würden wir sagen: Verfahrensweise, weil sie im
Grunde eine gedankenlose Routine ist –, der zufolge man
in den Schulen die wissenschaftliche Erforschung der
Quellen der Theologie tunlichst auf die christliche Antike
beschränkt. Die christliche Antike ist in mehrfacher Hinsicht ein privilegierter Zeitabschnitt, aber die Dogmengeschichte ist mit ihr nicht zu Ende, so als ob es nach dem
7. Jahrhundert nur noch eine Geschichte der Theologie
oder gar nur eine Geschichte der theologischen Schulen
gäbe. Das doktrinelle Leben der Kirche ist weitergegan-
gen, und das christliche Denken hat sich, ganz abgesehen von den dogmatischen Definitionen im eigentlichen
Sinn, insgesamt in der ihm eigenen beständigen Homogenität entfaltet; Johann Adam Möhler und die anderen
Tübinger Theologen entdeckten nicht nur, wie unver-
braucht die alten Kirchenlehrer waren, sondern fanden,
von derselben Inspiration geleitet, auch neu zur Spekulation der mittelalterlichen Magistri. Der gesamte Verlauf
der Christentumsgeschichte ist Quelle theologischer
Erkenntnis, da er dank der *Präsenz* des Glaubens in jeder
neuen Generationen eine immer neue Intelligibilität in
sich trägt.

Was uns wirklich bewegte, war allerdings ein spezielles Motiv. Der herausragende Repräsentant der mittelalterlichen Theologie ist Thomas von Aquin. Er ist unser Lehrmeister, und sein Text ist unsere Lieblingslektüre. Text, Lehre und System treffen in einem organischen Zyklus von Mittelalterstudien auf die Mittel und Werkzeuge jenes historischen Verstehens, von dessen großer Bedeutung wir oben gesprochen haben. Es geht nicht bloß darum, hier und da eine Stelle herauszupicken, die geeignet wäre, eine polemische Anspielung des heiligen Thomas zu erklären; eine solche dürftige Gelehrsamkeit bliebe dem Denken ganz äußerlich. Man muss das ganze menschliche Gefüge rekonstruieren, in dem der heilige Thomas gearbeitet und in dem er seinen Stoff, seine Techniken, seine Sprache, seine Ausdrucksweise, seine Bindung und zugleich seine Freiheit gefunden hat. Im Leben des Geistes bilden genau wie anderswo die historischen und sozialen Faktoren und die letztlich nicht mehr kommunikable Genialität eines Menschen eine untrennbare Einheit. Das Leben eint sie in ihrem Ursprung, noch bevor ihre gegensätzlichen Eigenheiten sich herausgebildet haben. Ein Werk erweist sich nicht dadurch als überzeitlich, dass man es aus seiner Zeit herauslöst; und zur Ewigkeit gelangen wir nicht, indem wir unserem Leben die Zeit austreiben, sondern indem wir es mit seinem ganzen Gehalt annehmen in Richtung auf die Ewigkeit hin. So trifft sich die Geschichte der Philosophie wieder mit der Liebe zur Weisheit und ebendarin mit der Absolutheit der Wahrheit.

Es sei im Übrigen festgehalten, dass dieser Arbeitsauftrag, der im heiligen Thomas den Mittelpunkt seines Interesses hat, die gesamte christliche Kultur des mittelalterlichen Abendlandes beinhaltet: ihre großen theologischen Lehrer

Anselm, Abaelard, die Viktoriner, Albertus Magnus, Bonaventura, Duns Scotus, ihre Philosophen und Künstler, ihre Dichter (Dante) und Wissenschaftler, allesamt Größen, die zusammengehören und in dieser Zusammengehörigkeit zu verstehen sind – gegen die unrealistische und entstellende Abstraktion, die literarische Werke und philosophische Ideen, Entwicklung der Sprache und Aussagen der Lehre, Schulsystem und soziales Verhalten, wirtschaftlichen Fortschritt und künstlerische Produktion auseinander reißt. Für diese gewaltige Aufgabe ist ein ganzer Apparat erforderlich, innerhalb dessen man sich für Forschung und persönliche Bildung entscheiden kann und muss. Als sich die École biblique in Jerusalem daran machte, die historische Methode auf die Bibel anzuwenden, engagierte sie sich entschlossen in den technischen Disziplinen, die für ein solches Unternehmen besonders wichtig sind: Archäologie, Ethnologie, Linguistik und Philologie; diese Fächer scheinen zunächst lediglich Arbeitsfelder am Rande der ehrwürdigen Studien zu sein, in Wirklichkeit aber sind sie die historisch und theologisch unverzichtbaren Schlüssel für einen intelligenten Glauben. Gleiches gilt selbst noch für den bescheidensten Bereich der Theologie und der mittelalterlichen Philosophie, deren Kontexte und Techniken den Köpfen des 20. Jahrhunderts so fremd sind. Gerade die Sonderforschungsinstitute haben die Aufgabe, diese Kontexte wieder zu entdecken und dadurch gleichzeitig die Studierenden in die wissenschaftliche Arbeit einzuführen. [10]

---

[10] Le Saulchoir hatte vom Institut de France den Auftrag erhalten, zusammen mit E. Gilson an der von der Union académique internationale (UAI) getragenen Publikation des Aristoteles latinus im Rahmen des Corpus philosophorum mitzuwirken. Gilson und P. Dondaine bereiten die Veröffentlichung der Metaphysik vor.

Die knappe Erwähnung des einen oder anderen im Spiel befindlichen Elements soll das geplante Programm in großen Zügen umreißen und sein Interesse festhalten. Um beispielsweise die biblischen, patristischen oder auch philosophischen Texte zu interpretieren und sie in ihrer Arbeit zu nutzen, wählen Thomas von Aquin und seine Zeitgenossen überkommene Verfahren; dabei lassen sie die damals übliche Freiheit walten und bedienen sich der bekannten Kategorien von der *moralisatio* bis zu der von Ehrerbietung getragenen *expositio*. Es wäre naiv, eine so flexible Handhabung streng einlinig und in buchstäblicher Bedeutung aufzufassen; wir sollten uns daher mit den gängigen Verfahren der mittelalterlichen Schulen vertraut machen und diese ein wenig penible Ermittlung sogar auf alle literarischen Genera ausdehnen: Ein Aristoteles- oder Dionysius-Kommentar lässt sich nun einmal nicht wie eine *quaestio disputata* mit ihrem persönlichen Stil und ihrem weit ausgreifenden Gestus lesen und behandeln, zumal dieser Kommentar seine Gesetze hat, die sich von denen unserer historischen Exegesen deutlich unterscheiden. Es gibt nichts Sinnwidrigeres, als – und wäre es selbst bei genauester ideologischer Analyse – einen Text in einer Optik zu lesen, die seine Konturen und Wendungen in einem falschen Licht erscheinen lässt.

Im weiteren Durchgang durch diese Texte wird es dann leichter, zu unterscheiden, was zum Kerngedanken gehört und was nur dialektisches Gerüst ist; im ersteren Fall bekunden sich der Geist des Philosophen und die bleibende Bedeutung seines Denkens, während das dialektische Gerüst in diesen Geist und dieses Denken die kontingenten Verfahrensweisen der jeweiligen Zeit einschließlich ihrer schulischen Routine einträgt. Diese Unterscheidung wird rasch tendenziös, wenn sie sich nicht auf eine genaue Kenntnis der mittelalterlichen Techniken stützt: Klassifikation, Division, Konkordismus, Symmetrie usw. Manche moderne Menschen, denen es an historischem Gespür und an Feinsinn mangelt, fassen das alles unter dem heute gängigen Etikett „Intellektualismus" zusammen, obwohl es sich in Wirklichkeit um schlichte dialektische Zusammenhänge handelt; andere wiederum nehmen unter dieser äußeren Struktur den eigentlichen Geist der Lehre nicht mehr wahr.

Das gleiche Programm gilt für das Vokabular, dieses Wunder des mittelalterlichen Denkens, von dem wir uns kaum mehr vorstellen können, welche schöpferische Kraft es in der lateinischen Sprache entfaltet hat, die doch nach Senecas Wort so arm an philosophischen Ausdrucksmitteln war. Aber gerade dieser Reichtum verlangt Behutsamkeit: Es schmerzt, mit ansehen zu müssen, mit welcher Ungeniertheit man in diesem Zusammenhang Zeiten und Wirkungssphären, individuelle Faktoren und gemeinsame Ursprünge vermengt, die ganze spätscholastische Terminologie herunterleiert und die einzigartige Perfektion des Vokabulars (und der mit diesem Vokabular bezeichneten Begriffe selbst) in eine leblos-starre formale Präzision zwingt. Da herrscht ein Mangel an Respekt, den sich ein Philologe gegenüber einem Text aus der Antike niemals erlauben würde. Um das ganze Ausmaß dieser Unachtsamkeit zu erfassen, braucht man nur daran zu denken, dass es kein ernstzunehmendes Wörterverzeichnis der philosophischen Sprache des Mittelalters gibt, noch nicht einmal einen Index der Sprache des heiligen Thomas, der doch das wichtigste Arbeitsinstrument wäre, und noch weniger ein historisches Lexikon, das über die Entwicklung dieser Sprache Auskunft gäbe.

Wenn wir auf die Lehre zu sprechen kommen, stellen wir fest, wie durchschlagend in unserem Fall die Vorteile einer historischen und genetischen Untersuchung sind. Die Entstehung verschiedener philosophischer Synthesen im 12. und 13. Jahrhundert steht ja in der Tat im Zusammenhang einer gewaltigen Bewegung zur Wiedergewinnung des antiken Bestandes, und diese Renaissance, die philosophisch und religiös ihr Zentrum in der Entdeckung des Aristoteles hat, liefert einen großartigen Stoff für die eigenwilligsten Köpfe, die in ihren tiefsten Intuitionen nicht von diesem „Hochwasser" des griechischen Rationalismus auf christlichem Festland zu trennen sind. Da entrollt sich ein dramatisches Problem, auf seine Weise noch einschneidender als das der Renaissance im Quattrocento, ein Problem, dessen Perspektive man keinesfalls vernachlässigen darf, ganz gleich, ob es um die allgemeine Entwicklung des philosophischen und theologischen Denkens geht oder um die geringfügigste Exegese noch des kleinsten Textes. Einen Text liest man nicht nur im schlichten Wortlaut seines ideologischen Inhalts, sondern in dem Licht, das seine Entstehung erhellt und ihn bleibend mit genuiner Intelligibilität durchflammt hat. Auch die reinsten Gedanken inkarnieren sich auf diese Weise, und ihre inneren Zusammenhänge gerieten selbst unter der formalsten Analyse aus dem Blick, würde man sie wie exakt arbeitende Begriffsmaschinerien behandeln und nicht als geistige Organismen. Bezeichnet man beispielsweise den heiligen Thomas als Aristoteliker, so ist dies ein lehrmäßig wie historisch massives Urteil, das nur dann einen Sinn haben kann, wenn man das Denken des heiligen Thomas in der richtigen Perspektive wahrnimmt, nämlich in dem ganz speziellen Kontext des mittelalterlichen Aristotelismus, der von ihm hervorgerufenen Reaktionen, seiner verschiedenen wichtigen Lesarten und der Flexibilität, die eine neue Intuition ihm zu verleihen vermochte. Liest man, wenn ich so sagen darf, mit unbewaffnetem Auge einen lateinischen Kommentar des Stagiriten, ohne den unterschwellig wirkenden arabischen Aristotelismus zu ahnen, der ihn explizit oder implizit speist und leitet, und ohne in Averroes oder Avicenna hineinzuschauen, die unser Lateiner auf dem Tisch hatte und die er, sei es auch ohne entsprechenden Nachweis, benützte, zurechtbog, übernahm, dann beraubt man sich wirklich und wahrhaftig des besten Werkzeugs. Reduziert man den Bauplan der *Summa theologiae* oder eines Traktats auf die abgestumpften Einteilungen und Kategorien der Handbuchscholastik, wo seine Originalität doch gerade in der Anwendung des platonischen Themas von Emanation und Rückkehr liegt, dann zerbricht man von vornherein den Zusammenhang der Gedanken und bringt das ganze Werk in eine Schieflage. Wie viele Elemente haben die späteren Scholastiker brachliegen lassen, weil ihre augenblickliche Hauptbeschäftigung sie auf andere Gebiete führte! Genau diesen Elementen verschafft eine historische Lektüre Geltung und Tragweite und stellt damit zum Nutzen des Gesamtsystems die Ausgewogenheit seines Wurfs wieder her. Augustinische Analysen des *intellectus* und der *ratio*, der *ratio superior et inferior*, Konkordanz der aristotelischen Noetik der *species* und der augustinischen Noetik des *verbum*, Gegenüberstellung von Theorien über *memoria, spiritus* usw. – das alles sind archäologische Rekonstruktionen, die in Wirklichkeit ein neues Verständnis für ganze Bereiche im Denken eines Bonaventura oder Thomas von Aquin wecken.

Wenn wir jetzt den zeitgenössischen Kontext betrachten, sehen wir vor allem in der Theologie, wie sehr er die wissenschaftliche Bearbeitung der traditionellen Themen gefördert hat. Es ist eine echte Überraschung, heute die Diskussionen durchzugehen, in denen sich die am stärksten stilisierten Begriffe herausgebildet haben: *persona, res et sacramentum, synderesis, liberum arbitrium* u.a.m. Sie lassen eine unerwartete Kraft erkennen, und gleichzeitig bringen sie die Problematik der Theologien und Spiritualitäten ins Spiel. Die Kontroversen stellen sich nicht mehr als eintöniger Katalog von mehr oder weniger ausgeklügelten Meinungen dar, sondern in ihrer anspornenden Wirkung auf wache und wohl gerüstete Geister. Die kleinsten Wendungen des Textes, die Andeutungen, Einteilungen und Distinktionen werden nicht mehr von einer platten, farblosen Exegese neutralisiert.

Und so weiter und so fort. Im Laufe dieser Arbeiten stellt sich ein nicht zu verachtender Nutzen ein: Wir können uns von jenem doktrinellen Utilitarismus lösen, der vorschnell auf die Texte zurückgreift, um aus ihnen Referenzen, Meinungen und Autoritätsbelege für die Philosophie oder Theologie des 20. Jahrhunderts zu ziehen. Das doktrinelle Ziel dieser Arbeit ist natürlich, dass Philosophen und Theologen im Rückgriff auf die alten Lehrer ihre eigene Lehre ausarbeiten und ihr Denken bereichern. Doch ihr Rückgriff trägt nur Früchte, wenn er sich mit jener Redlichkeit vollzieht, die zuallererst rücksichtsvoll mit dem Denken des Meisters selbst umgeht. Die Geschichtswissenschaft ist das geeignete Instrument, um jene beklagenswerte Manipulation der Texte zu vermeiden, bei der kasuistische Geschicklichkeit die loyale Lektüre ersetzt. Der Historiker liest Thomas von Aquin nicht in Gegenüberstellung zu Descartes, Kant oder Einstein, sondern in seinem Bezug zu Siger von Brabant, Bonaventura, Averroes und Augustinus. Es ist Sache des Philosophen, danach, und wirklich erst danach, ausgestattet mit den Ergebnissen der positiven Untersuchung, Descartes, Kant oder Einstein „neu zu denken". Es geht hier um zwei ganz verschiedene Geschäfte, die aber leider immer wieder vermengt werden – von den einen unter dem Vorwand des Fortschritts, von den anderen aus thomistischem Konservatismus. Auf Grund ihres jeweiligen Gegenstandes und ihrer jeweiligen Verfahrensweise gilt es, sie auseinander zu halten. Genau deshalb ging es uns zunächst um eine bessere Erfassung und ein tieferes Verständnis für die Positionen und Lösungen der Magistri des 13. Jahrhunderts, die wir im 20. Jahrhundert und im Hinblick auf dessen Probleme neu denken und deren Lehren wir weiter entwickeln können.

Diese ganze Arbeit strebt also eine innere Durchdringung der Texte und Lehraussagen an; Wissen, Aufspüren der Quellen, Rekonstruktion vergangener Techniken – das sind nur die Zugangswege zu einer lebendigen Begegnung. Die ganze Metaphysik des Aristoteles, die ganze Psychologie Augustins, die ganze Mystik des Dionysius, die ganze Wissenschaft der Araber, die Askese Gregors und die Kontemplation der Viktoriner – sie alle machen zwar nicht den Geist von Bruder Thomas aus, aber der Geist von Bruder Thomas hat sie alle assimiliert, und diese Assimilation, diese „Reduzierung" von fünf Kulturen auf die Einheit eines spirituellen Lebens verdient selbst Gegenstand der Betrachtung zu werden. Jene schöne

Form, die Geistigkeit des heiligen Thomas, ist keine reine bloße Form; sie ist entstanden, sie hat gelebt, sie hat ihre Vollendung in einer Materie und folglich in einer Zeit, einem Klima, einem Kontext, einem Leib erreicht. Es ist guter Thomismus, die Geschichte des thomistischen Denkens zu schreiben und so seine Seele in ihrer Einheit mit ihrem Leibe zu sehen.

Postskriptum 1985

Auch wenn das Unternehmen gelungen ist, fällt es mir doch schwer, ein gewisses Zögern zu überwinden, das das großzügige Vorhaben meines Kollegen und Freundes Giuseppe Alberigo, Professor an der Universität Bologna, in mir geweckt hat; er, ein ausgewiesener Kenner der geistigen und institutionellen Verhältnisse der Kirche unserer Tage, hielt es für angebracht, dem italienischen Publikum mein 1937 veröffentlichtes Werklein *Une école de théologie: Le Saulchoir* zugänglich zu machen. In einer ausführlichen Einleitung vertrat er die Auffassung, meine methodologischen Reflexionen besäßen auch heute noch ihre Aktualität, ja, er spricht sogar von ihrer Neuartigkeit. Seine Generosität erwies sich als ansteckend; die Leiter der Gruppe „Confrontations" haben sich Alberigos Unternehmen zu Eigen gemacht und ein Kolloquium organisiert, dessen Beiträge dank dem brüderlichen Engagement der Éditions du Cerf hier publiziert werden.[11]

Damit erhalte ich alter Mann die Gelegenheit, einen fünfzig Jahre währenden Weg zu rekapitulieren: welche Faktoren meine frühesten, ihrer Tragweite tatsächlich noch kaum bewussten Einsichten gespeist, korrigiert und erweitert haben. Um es kurz zu machen: Ich kann sagen, dass es mein nichtprofessionelles Engagement und kein aus vorgängigen Prinzipien abgeleiteter Lerneifer war, was Klarheit, Konsistenz und Realismus in lehrinhaltliche und methodologische Positionen brachte, die ich zuerst um ihrer selbst willen vertreten hatte; dieses nämliche

---

[11] In dem Band mit dem Titel Une école de théologie: Le Saulchoir, Paris 1985 (Anm. d. Übers.).

Engagement erwies sich als immer neuer Rückhalt eines *gelebten* Glaubens, der seine Kraft aus den laufenden Ereignissen an der Nahtstelle von Welt und kirchlicher Gemeinschaft bezog. Es war eine beständige Neugier, der es in mehrfacher Hinsicht im Lauf der so schicksalsträchtigen Jahre zwischen 1940 und 1980 wahrlich nicht an bemerkenswertem Stoff in Menschheit und Kirche fehlte. Im neuralgischen Zentrum stand dabei das Zweite Vatikanische Konzil.

Wir können hier nicht näher darauf eingehen. Sein gemeinsamer Nenner ist jedenfalls die Überzeugung, dass die Außenseite des Wortes Gottes, die Theo-Logie, die Menschheit ist, an der die Menschen durch die Wissenschaft und durch ihre Arbeit bauen. Die Inkarnation folgt auf die Schöpfung, und das geschieht in einer einzigen Geschichte, in der die Gratuität des göttlichen Handelns die Weltlichkeit nicht ausschließt. Im Gegensatz zum I. Vaticanum, das noch einem autoritären, zeitlosen Deismus verhaftet war, integriert das II. Vaticanum die Welt und ihre Geschichte ganz ausdrücklich in den Aufbau des Gottesreichs. „Der Einsatz für die Gerechtigkeit und die Teilnahme an der Umgestaltung der Welt erscheinen uns als wesentlicher Bestandteil der Verkündigung des Evangeliums und der Sendung der Kirche [...]" (Bischofssynode 1971, *De iustitia in mundo*). Von daher rühren meiner Meinung nach auch Wirksamkeit und Wahrheit der vielfältigen Engagements, die ich übernehmen konnte, obschon manche Kollegen meinten, ich entfernte mich dadurch von meiner eigentlich theologischen Arbeit. Es gibt aber keine zwei Chenu!

Die Verlagerung der Kräfte hat sich immer nachhaltiger ausgewirkt, ohne dass die frühen Intuitionen, die bereits

der Realität der Inkarnation, dem in die Geschichte eingetretenen Gott galten, dadurch verkümmert wären. Die so
genannte spekulative Theologie ist von einer pastoralen
Theologie unterfangen. Daher resultiert auch die Wahrheit des christlichen Zeugnisses nicht nur aus der Orthodoxie, sondern ebenso, um es mit einer Wortneuschöp-
fung zu sagen, aus der Orthopraxie, die aus dem *sensus
fidei* des Gottesvolkes entsteht.

So bin ich denn ein wenig auf Distanz zu dem Begriffs-
vertrauen gegangen, das in meinen ersten Arbeiten ge-
waltet hatte und nicht frei von einer elitären Einstellung
war. Meine historischen Forschungen trafen sich in auf-
fallender Koinzidenz mit der neueren Geschichtswissenschaft, die sich von der Geschichte der großen Männer
abwandte, um sich dem Alltagsleben, den elementaren
Bedürfnissen, den Mentalitäten, der Anonymität der
Massen, der mündlichen Überlieferung, kurz gesagt dem
gelebten und nicht mehr nur dem *gelehrten* Glauben zu
widmen. Die Botschaft und das Zeugnis haben den Vorrang vor der „Doktrin"; das gilt ebenso für die Homiletik
wie für die Katechese. Das Evangelium wird wieder zur
„guten Nachricht".

Ein Wort, das in meinem Bericht *Le Saulchoir. Eine Schule
der Theologie* fehlt, sofern es nicht in einer prophetischen
Anspielung auf die „Zeichen der Zeit" steckt, kann das
große Thema dieser Theologie bezeichnen: das Volk Gottes. So definiert das Zweite Vatikanische Konzil – im Gegensatz zu der Formel von der in ihren Mitteln und durch
ihr Vermögen „vollkommenen Gesellschaft", die Bellarmin
zur Geltung gebracht hatte – die Kirche: als in hierarchi-
scher Gemeinschaft verfasstes Volk Gottes. Heute wird
der Kirche bewusst, dass sie auf der Höhe der Welt und

ihrer Entwicklungen, auch ihrer räumlichen Entwicklung (in den neuen Kirchen der Dritten Welt), sein muss: Volk Gottes ist die ganze Menschheit und nicht nur eine klerikale Körperschaft, in der die Laien zur Unmündigkeit verurteilt sind.

In diesem Sinne fühle ich mich heute, bei der Fünfzig-Jahr-Feier, die meine Freunde begehen, in meiner Zeit *präsent*.

Anhang

Nachweis

M.-Dominique Chenu, *Le Saulchoir. Eine Schule der Theologie.* Franz. Original: Une école de théologie: Le Saulchoir. Avec les études de G. Alberigo, É. Fouilloux, J. Ladrière et J.-P. Jossua, Paris 1985. – Erstveröffentlichung in deutscher Sprache mit freundlicher Genehmigung der Éditions du Cerf, Paris. – Übersetzung: Michael Lauble.

Verzeichnis der Autoren, Übersetzer und Herausgeber

Christian Bauer, Dipl. Theol., Mediator
Wissenschaftlicher Mitarbeiter am Institut M.-Dominique Chenu, Doktorand an der Universität Tübingen; lebt in Berlin.

M.-Dominique Chenu OP, Dr. theol.
geb. 1895 – gest. 1990

Thomas Eggensperger OP, Dr. theol.
Geschäftsführender Direktor von Espaces, Direktor des Institut M.-Dominique Chenu, Studienregens des Generalvikariats Belgien-Süd der Dominikaner; lebt in Brüssel und Berlin.

Ulrich Engel OP, Dr. theol.
Geschäftsführender Direktor des Institut M.-Dominique Chenu, Studienregens der Dominikaner-Provinz Teutonia; lebt in Berlin und Köln.

Michael Lauble, Dr. theol.
Übersetzer; lebt in Billerbeck.

Das im Jahr 2000 in Berlin gegründete
„Institut M.-Dominique Chenu" ist eine selbstständige
Sektion von „Espaces", der in Brüssel ansässigen
Europa-Institution der Dominikaner.
Als Forschungszentrum für gegenwärtige
philosophische und theologische Fragestellungen
ist es als An-Institut der „Pontificia Università
San Tommaso d'Aquino" assoziiert.

Institut M.-Dominique Chenu
(Espaces Berlin)
Schwedter Straße 23
D-10119 Berlin